Friedrich Bohl

Detlef Braun

Harry Brouwer

Michel Friedman

Stephan Hostettler

Joachim Hunold

Peter Limbourg

Friedrich von Metzler

Brigitte Mohn

Stefanie Unger Hg.

VERTRAUEN IST GUT

STEFANIE UNGER HG.

VERTRAUEN IST GUT

WERTE IN DER KRISE ODER KRISE DER WERTE?

Frankfurter Allgemeine Buch

Bibliografische Information der Deutschen Nationalbibliothek
Die Deutsche Nationalbibliothek verzeichnet diese Publikation in der Deutschen Nationalbibliografie; detaillierte bibliografische Daten sind im Internet über http://dnb.d-nb.de abrufbar.

Stefanie Unger Hg.

Vertrauen ist gut
Werte in der Krise oder Krise der Werte?

F.A.Z.-Institut für Management-,
Markt- und Medieninformationen GmbH
Frankfurt am Main 2010

ISBN 978-3-89981-207-7

Frankfurter Allgemeine Buch

Bildauswahl/Satz
Umschlag F.A.Z., Verlagsgrafik
Titelbild GettyImages/Steve McAlister
Satz Innen Nicole Bergmann
Druck/Bindung Messedruck Leipzig GmbH, Leipzig

Printed in Germany

INHALT

DEUTSCHLANDS TRADITIONSREICHE FAMILIENUNTERNEHMEN

DIE AUFSICHTSORGANE

GLOBALE PERSPEKTIVEN

Vor sechs Jahren habe ich die erste Auflage des Buches „Vertrauen ist gut …“ veröffentlicht. Den Anstoß dafür hatte mein persönliches Erleben um den Enron-Skandal gegeben, in den mein damaliger Arbeitgeber Arthur Andersen hautnah involviert war. Die erste Auflage trug daher die Frage als Untertitel „Braucht die Wirtschaft mehr Kontrolle?“

Mit dieser Frage begab ich mich auf eine Reise, um mit Deutschlands Führung über die Ursachen und potentielle Lösungsansätze zu sprechen. Antworten fand ich im Dialog mit den Führungskräften der Unternehmen darüber, wie sie ihren Alltag, ihr Umfeld und ihre täglichen Konflikte erleben und bewältigen. Dabei habe ich festgestellt, dass auch in den Führungsetagen ein großes Interesse an *werte*orientiertem und nicht allein *wert*orientiertem Unternehmertum besteht. Unabhängig von der Position in der Unternehmenshierarchie liegt es jedoch an jedem Einzelnen, einen Beitrag zu einer vertrauensvollen Unternehmenskultur zu leisten. Gerade in einer Zeit des Vertrauensverlustes muss man aber auch gemeinsam daran arbeiten, dieses wiederherzustellen. Dabei sind Führungskräfte besonders gefragt, da sie sowohl im Positiven als auch im Negativen eine Vorbildfunktion haben.

Mit dem Leitsatz „Menschen bewegen“ habe ich gemeinsam mit Persönlichkeiten aus der Wirtschaft die Initiative „Wertedialog“ ins Leben gerufen, in der es darum geht, Diskussionen über Werte anzustoßen, werteorientiertes

Handeln zu fördern und in Unternehmen zu verankern. Wenn die Menschen an der Unternehmensspitze ihrer Vorbildfunktion gerecht werden und das vorleben, was sie von ihren Mitarbeitern erwarten, dann bin ich davon überzeugt, dass ein werteorientiertes Unternehmen entsteht, das langfristig auch eine höhere Wertschöpfung erzielt.

Warum eine zweite Auflage? In den vergangenen sechs Jahren hat sich in der Welt vieles verändert, nicht nur in der Weltwirtschaft, sondern auch in der Gesellschaft und in der politischen Landschaft. Die Finanzkrise hat gezeigt, dass kurzfristiges Streben nach Profit die globale Wirtschaft an den Rande eines Abgrunds führt und wir intelligentere und wirksamere Mechanismen der Regulierung benötigen. Der Staat sollte die Unternehmen dabei unterstützen, Anreize so zu setzen, dass Vergütung und Verantwortung in der Unternehmenswelt zusammengeführt werden. Leistung sollte honoriert werden, aber Honorar und Verantwortung für das unternehmerische Risiko müssen zusammen auf der Unternehmerseite liegen.

In der gesellschaftlichen Entwicklung ist es vor allem das Internet und der Boom des Social Networking, das den Menschen neue Perspektiven in der Bildung und im Austausch bietet. Früher einem kleinen Kreis vorbehaltene Harvard-Vorlesungen sind schon heute für jedermann kostenlos zugänglich. Lernen bedeutet in Zukunft mehr Eigenverantwortung. Gleichzeitig kann man über den Großteil der arbeitenden Bevölkerung, insbesondere über selbständig Tätige, Informationen im Internet finden. In Zukunft werden diejenigen Menschen unternehmerisch erfolgreich sein, die als Freunde und zuverlässige Partner gelten. Hier bieten die Möglichkeiten des Internet eine neue Form der gesellschaftlichen Selbstkontrolle.

Mit der neuen Regierung in den USA und dem Regierungswechsel in Deutschland bietet sich eine Chance zur Veränderung. Die weltweite Resonanz auf die Wahlen in den USA hat gezeigt, dass Menschen sich Veränderung wünschen und dass sie dabei Vorbilder und Leader brauchen. Menschen sind bereit, für eine gute Sache zu kämpfen. Letztlich sind es auch die vielen Veränderungen in Deutschlands Chefetagen, die großen Einfluss auf die Entwicklung unseres Landes haben. Keine passendere Zeit also, um eine zweite Auflage zu veröffentlichen.

In der aktuellen Wirtschaftskrise sind verschiedene Unternehmenstypen mit unterschiedlichen Herausforderungen konfrontiert. Börsennotierte Unternehmen sehen sich zum Teil einer Kehrtwende des bewährten Modells der Privatisierung ausgesetzt. Angeschlagene Unternehmen wurden verstaatlicht oder können nur mit Staatsgarantien überleben. Die Privatunternehmen und insbesondere die traditionsreichen deutschen Familienunternehmen gehorchen seit jeher eigenen Gesetzen und sind weniger stark an das Prinzip des Shareholder Value gebunden. Sie verfolgen eine langfristige, wachstumsorientierte Strategie und haben sich im Einklang mit ihrem Umfeld über lange Zeit etwas erarbeitet und nehmen in der deutschen Wirtschaft eine Vorbildfunktion ein. Eine Sorge der Privatunternehmen ist die durch die Finanzkrise ausgelöste Kreditklemme, die manche Privatunternehmen in die Insolvenz geführt hat. Die Global Players müssen sich dem mit der Globalisierung einhergehenden Wettbewerbsdruck stellen.

Im Buch kommen Vertreter sowohl aus börsennotierten Unternehmen als auch aus Privatunternehmen und traditionsreichen Familienunternehmen zu Wort. Das vorletzte Kapitel enthält Beiträge von Journalisten und Aufsichtsräten, die gerade in dieser Zeit verstärkt im Mittelpunkt stehen und im Unternehmen die richtigen Fragen stellen müssen. Zum Schluss äußern sich Vertreter aus global aufgestellten Unternehmen, die eine zunehmend bedeutende Rolle wahrnehmen.

Die Frage, mit der ich in die erste Auflage dieses Buches eingestiegen bin „Braucht die Wirtschaft mehr Kontrolle?“, kann ich heute mit einem klaren „Ja“ beantworten. Die fehlende Kontrolle sehe ich jedoch nicht auf Seiten des Staates. Letztlich sind wir es selbst, die in unserem Umfeld Verantwortung übernehmen und auch mal ungefragt die Initiative ergreifen können oder mal nicht weggucken, wenn etwas nicht mit rechten Dingen zugeht. Ich glaube, wir als Gesellschaft, jeder Einzelne, können unser Land und unsere Wirtschaft voranbringen, jeder auf seine Art.

Erleben wir eine Krise der Werte oder erleben wir Werte in der Krise? Leben wir Werte in der Krise!

VON DER BALANCE DES MÖGLICHEN GLÜCKS

Prof. Susanne Porsche
Geschäftsführung summerset GmbH

Vor einem Jahr, am 15. September 2008, ist die Investmentbank Lehman Brothers mit einer Verschuldung von 620 Milliarden Dollar pleitegegangen. Lehman-Zertifikate, die Banken und Sparkassen an 40.000 Deutsche verkauft hatten, sind von einem Tag auf den anderen wertlos geworden. Die Krise wird dramatisch.

Vor einem Jahr und einem Tag hätte ich diesen Text, in dem ich darüber nachdenke, ob und welche Werte wir denn heute brauchen, sicher ganz anders geschrieben. Ich kenne niemanden, der trotz der vielen dramatischen Warnsignale, die schon zuvor zu registrieren gewesen waren, gewusst hätte, was mit dem Bankrott der Lehman Bank über die Welt hereinbrechen würde. Schon im Juli 2007 nämlich ist als Menetekel die Mittelstandsbank IKB in den Strudel der amerikanischen Immobilienkrise geraten. Das war das erste Vorzeichen des drohenden Unheils. Aber das hat noch niemand wirklich ernst genommen. Einen Monat später, im August 2007, ist die sächsische Landesbank am Ende und wird in letzter Sekunde von der Landesbank Baden-Württemberg übernommen. Im März 2008 fällt die amerikanische Investment Bank Bear Sterns und wird von JP Morgan Chase mit einem 30-Milliarden-Kredit von der amerikanischen

 Zentralbank Fed übernommen. Im April geht als erste Bank in Deutschland die Weser Bank pleite.

Die Krise verschärft sich. Anfang September 2008 übernimmt die amerikanische Regierung die Kontrolle bei den beiden größten Baufinanziers Fanny Mae und Freddy Mac. Eine Woche später ist Lehman pleite. Und jetzt wird die Welt in den Strudel der größten Finanzkrise der vergangenen achtzig Jahre gezogen. Einen Tag später rettet die US-Notenbank den damals weltgrößten Versicherungskonzern AIG mit 150 Milliarden Dollar, und am 29. September rettet der Bund und eine Gruppe von Banken den Münchner Baufinanzier Hypo Real Estate vor dem Zusammenbruch. Im Oktober garantieren Bundeskanzlerin Angelika Merkel und Finanzminister Peer Steinbrück den deutschen Sparern die Sicherheit ihrer Spareinlagen mit einer Staatsgarantie. Damit gelingt es ihnen tatsächlich, die sorgenvollen Sparer zu beruhigen und eine dramatische Liquiditätskrise der Banken zu verhindern. Im Oktober stellt der Bund 500 Milliarden Euro zur Verfügung, um die angeschlagenen Banken zu retten. Die Finanzkrise hat nach einer Studie der Asiatischen Entwicklungsbank (ADB) weltweit Vermögenswerte von 50 Billionen Dollar – umgerechnet 39,4 Billionen Euro – vernichtet. Inzwischen sind weltweit Konjunkturprogramme in Höhe von 2.900 Milliarden von den Regierungen der Welt aufgelegt worden. Eine weltweite Rezession konnte dadurch nicht verhindert werden.

2.900 Milliarden, das ist eine Zahl, die sich niemand mehr vorstellen kann. Ich möchte nur eine Zahl zum Vergleich heranziehen, um die unvorstellbare Ungeheuerlichkeit dieser Summe anzudeuten. Das ganze Universum ist seit dem Urknall, also von Anbeginn von allem, was existiert, durch die gesamte Entwicklung vom Sternenstaub bis zum heutigen Tag, an dem wir darüber nachdenken, gerade mal 13,7 Milliarden Jahre alt. Die Welt hat sich aber allein im vergangenen Jahr über 200-mal so hoch verschuldet. Und diese Schulden sollen von uns, von unseren Kindern und Enkelkindern beglichen werden. Wie das möglich sein soll, weiß in Wirklichkeit niemand.

Einige Monate haben sich die Investmentbanken, die den Crash überlebt haben, klein gemacht, um nicht aufzufallen, aber schon jetzt machen sie wieder Milliardengewinne. Es wird gezockt wie zuvor. „Das Kasino läuft wieder, auf allen Ebenen", sagt Heiner Flassbeck, Chefökonom der UN-Konferenz für Handel und Entwicklung (UNCTAD). Von Einsicht kann keine Rede sein.

Zum Jahrestag der Lehman-Pleite hat Barack Obama am historischen Ort, in der Federal Hall in der Wall Street, also in unmittelbarer Nähe zu den Banken, eine Rede gehalten und ist mit der Rücksichtslosigkeit, der Gier und der Exzessivität der Banker ins Gericht gegangen. „Ich möchte, dass Sie meine Worte hören: Wir werden nicht zu jenen Tagen rücksichtslosen Verhaltens und unkontrollierter Exzesse zurückkehren, an denen diese Krise ihren Anfang fand", sagt Obama. „Zu jenen Tagen, an denen viele bloß auf schnelle Beute und aufgeblähte Boni aus waren. Die amerikanischen Steuerzahler haben die Last der Rettung des Finanzsektors getragen. Sie waren nicht schuld an der Krise, aber sie haben es getan – und sie tragen die Last noch immer." Dennoch, kritisiert der Präsident, gebe es Leute an der Wall Street, die Lehren aus der Pleite von Lehman Brothers und der Weltfinanzkrise einfach ignorierten. „Sie schaden damit der ganzen Nation. Wall Street kann nicht einfach wieder Risiken eingehen, ohne an die Konsequenzen zu denken – und davon ausgehen, dass die amerikanischen Steuerzahler auch beim nächsten Mal einspringen werden, wenn alles schiefgeht", sagt er. Aber viele Finanzexperten glauben trotzdem, dass genau dies passieren wird. Direkt nach Obamas Auftritt wird eine Börsenanalystin auf CNN gefragt, wie die Wall Street auf die Rede des Präsidenten reagiere. „Mit einem kollektiven Gähnen", antwortet sie.

Was passiert da eigentlich? Nichts wirklich Neues, wenn man sich die Geschichte der Bankenskandale in den vergangenen Jahrhunderten anschaut. Aber man lernt aus der Geschichte ja nur, wenn überhaupt, wenn man sie kennt. Wer aber, außer einigen Spezialisten, kennt sich mit den großen Betrügereien, mit den Börsen- und Eisenbahnskandalen, die die Welt immer wieder in Atem gehalten und erschüttert haben, schon aus? Die Menschen vergessen schnell. Man lebt in den Tag hinein. Das Wissen gilt nicht wirklich viel. Man möchte nicht belästigt werden. Der Alltag ist schwierig genug. Und es kommt sowieso, wie es kommt. Aber wenn man so denkt, dann kommt es tatsächlich so, wie es kommt, und dann scheint es, als wäre es naturgegeben so und nicht zu verhindern gewesen. Aber das ist, und man muss das wohl so apodiktisch sagen: falsch. Nichts passiert von allein. Alles passiert mit Vorsatz. Es kommt eben nur auf die Vorsätze an, die den Unterschied ausmachen.

Ich möchte einmal kurz in die Geschichte schauen, um zu sehen, ob es vielleicht strukturelle Ähnlichkeiten zu unserer aktuellen Katastrophe gibt. Ich habe zwei Skandale gefunden, und die haben mich nachdenklich gemacht. Beides sind gewaltige Katastrophen für das Land gewesen, und beide sind von Bankern, nicht von Banken, das muss man sehr wohl unterscheiden, von Hasardeuren und Betrügern verursacht worden. Dabei wird klar, es gibt für das jeweilige Unglück immer Verantwortliche. Und die das zu verantworten haben, sind Lügner und Betrüger. Es sind Kriminelle, deren Gier und Habgier das ganze System und damit alle Bürger in das Chaos gestürzt haben. Nicht anders ist es in der jetzigen Krise.

Wir sind im 18. Jahrhundert. Was ich erzähle, ist der Stoff für einen Film. Der Schotte John Law of Lauriston begann als professioneller Spieler, flüchtete nach einem Duell auf den Kontinent, erspielte sich in Paris ein Vermögen, wurde ein Freund Philipps von Orléans, der 1715 Regent von Frankreich wurde. Nach dessen Thronbesteigung wurde Law Finanzgeneralkontrolleur, denn der König war vom

 Reichtum Laws geblendet und hielt ihn für ein Finanzgenie. Law gründete 1717 die Mississippi Company, die auf königlichen Erlass für die Geschäfte mit Amerika privilegiert wurde. 1718 gründete er dann mit Erlaubnis des Königs die erste Bank, die Bank Royale, die gab sofort Aktien auf die Mississippi Company heraus. Law versprach seinen Investoren Riesengewinne aus den reichen Kolonien in Amerika. Nach Laws Überzeugung war das Vertrauen der Marktteilnehmer in die Währung der entscheidende Faktor für eine blühende Wirtschaft. Allein in Paris wurden innerhalb weniger Wochen 160 Kioske im Park von Vendôme und im Hôtel des Soissons aufgestellt, um die Nachfrage nach den Aktien der Mississippi Company zu befriedigen. Wachen mussten verhindern, dass auch in der Nacht gehandelt wurde.

Schon wenig später stellte sich allerdings heraus, dass Louisiana keineswegs die versprochenen Gewinne brachte. Alles war Lüge und falsches Versprechen. Die Aktien verloren rasant an Wert, das eingesetzte Kapital war verloren, die Gesellschaft brach in sich zusammen. Law aber war der wohl reichste Mann in Frankreich, denn er hatte das eingesetzte Kapital, das war sein Gewinn, zuvor in Sicherheit gebracht. In seine Mississippi Company hatte er nichts davon investiert. Alles war nur Lug und Betrug. Er flüchtete nach Venedig und entkam seinen Verfolgern.

Heute wäre er wohl gefasst worden – so wie Bernhard L. Madoff, der auch mit dem bloßen Versprechen auf Riesengewinne 65 Milliarden Dollar veruntreut hat. Madoff ist wegen Betruges verurteilt.

Das zweite historische Beispiel, das ich bei der Recherche für diesen Text gefunden habe, ist der große Börsenschwindel aus dem Jahr 1720, die legendäre Südseeblase. Auch das ist eine Filmgeschichte. Die East Indian Company hatte ihren Investoren zuvor große Gewinne gebracht. Mit ihrem eingesetzten Kapital wurden Frachtschiffe gekauft und nach Indien geschickt, die kamen mit reicher Ladung zurück und brachten allen Investoren viel Profit. Das war ein gelungenes Geschäft, bei dem niemand zu Schaden gekommen war. Alle waren zufrieden.

Bei der South Sea Company aber sah die Sache ganz anders aus. Man wollte es sich einfacher machen. Wozu denn überhaupt Schiffe um die Welt schicken und in Gefahr bringen? Es wurde das Geld von Investoren eingesammelt. Die Gesellschaft schien vertrauenswürdig zu sein, denn der Staat und die Kirche selber waren daran beteiligt. Wie bei fast jedem Börsenboom lebte auch die South Sea Bubble von der Faszination der Möglichkeit eines neuen Geschäftsfeldes, das märchenhafte Gewinne versprach. Hier waren es exotische Produkte wie Rohstoffe und Sklaven aus der Südsee. Das klang vielversprechend. Der Kurs der Aktien des Unternehmens hatte einen Nennwert von 100 Pfund. Aber die Aktien schossen raketenartig nach oben und erreichten innerhalb von nur wenigen Wochen schon 950 Pfund.

Da verkauften König Georg, die Herzogin Marlborough und viele der klugen Investoren, die wussten, was da gespielt wird. Den anderen Anlegern war noch nicht klar, dass die Dividenden nie bezahlt werden konnten. Die South Sea Company hatte bis zu diesem Zeitpunkt nämlich noch kein einziges Pfund im Südseehandel verdient, und es war auch noch keine einzige Dividende gezahlt worden. Der erste Zahltermin war der 1. August. Und da flog alles auf. Die Anleger wollten jetzt noch schnell, wie der König und einige seiner Vertrauten, ihre Papiere verkaufen. Allein, es war zu spät. Die Aktien verfielen in Tagen dramatisch und waren am Ende der Talfahrt nichts mehr wert. Es gab eine Reihe von Prozessen. Einige der Angeklagten flohen ins Ausland, andere landeten im Gefängnis, viele begingen Selbstmord. Die Folgen waren für das ganze Land katastrophal. Es gab eine gewaltige Rezession. Produktion und Handel brachen dramatisch ein. Die Folgen hatte die Bevölkerung zu tragen.

Was zeigen alle diese Beispiele? Jede Katastrophe begann mit Betrügern. Und diese Betrüger haben mit Versprechen gearbeitet, haben erfolgreich um Vertrauen geworben. Sie alle haben die Werte, auf denen unsere Gesellschaft basiert, missbraucht. Sie waren Lügner. Viele sind auf ihre Versprechen hereingefallen. Nicht nur naive Sparer, die sich glaubhaft haben versichern lassen, dass sie mit diesen Investitionen ein schnelles Schnäppchen machen können, sondern auch, damals wie heute, Profis, die geglaubt haben, was ihnen da an Schimären vorgegaukelt wurde.

Die Werte, auf denen unsere Gesellschaft basiert, sind klar definiert. Man kann und braucht sich keine neuen Werte auszudenken. Es sind die Werte der Aufklärung, die in der französischen Revolution durchgesetzt wurden und auch in unserer Verfassung ihren Niederschlag gefunden haben. Es ist die Deklaration der Menschenrechte. Darin sind alle Werte genannt und definiert.

Kant hat das als grundlegendes Prinzip seiner Ethik in der „Grundlegung der Metaphysik der Sitten“ mit dem kategorischen Imperativ auf den Punkt gebracht. „Handle nur nach derjenigen Maxime, durch die du zugleich wollen kannst, dass sie ein allgemeines Gesetz werde.“ Kant hat diesen Satz immer wieder variiert und daran festgehalten. In der „Kritik der praktischen Vernunft“ schreibt er: „Handle so, dass die Maxime deines Willens jederzeit zugleich als Prinzip einer allgemeinen Gesetzgebung gelten könne.“ Dieser kategorische Imperativ ist nach Kant das einzige Handlungsprüfkriterium. Unmoralische Handlungen erkennt man an dieser Form von Widersprüchlichkeit: Kein Dieb will, dass sein Diebesgut, das er als sein Eigentum ansieht, wieder gestohlen wird, obwohl er selbst mit dem Delikt des Diebstahls die Institution des Eigentums verletzt hat. Kants kategorischer Imperativ ist somit eine allgemein verständliche Handlungsanweisung und lässt sich leicht in die Alltagssprache übersetzen: „Stell dir vor, jeder würde dir zufügen, was du einem anderen zufügst.“ Handelst du nämlich moralisch, ist es gut für dich. Handelst du unmoralisch, ist es schlecht für dich. Also ist es besser, du handelst moralisch.

Was ich meine, ist: Wenn wir über Werte reden, dann müssen wir nicht lange nachdenken, welche Werte unsere Gesellschaft moralisch zusammenhalten. Es sind nicht die Werte der feudalen Gesellschaft, nicht die Werte einer Sklavenhaltergesellschaft, nicht die Werte einer kannibalistischen Gesellschaft. Es sind die Werte der bürgerlichen Gesellschaft, die in unserer Verfassung und im Bürgerlichen Gesetzbuch ihren Niederschlag gefunden haben. Diese regeln unser heutiges Zusammenleben und garantieren uns unsere Zukunft. Es gibt deshalb keinen Werterelativismus. Im Laufe der Geschichte der Aufklärung haben wir die Normen unseres Zusammenlebens definiert. Und die sind für uns heute unhinterfragbar absolut.

Die dramatischen Krisen, die ich beschrieben habe, sind nicht von Institutionen ausgelöst worden, nicht von Banken und Regierungen, sondern immer von Einzelnen, die betrogen und gelogen haben, also von Betrügern und Lügnern. Eine Bank ist ein sinnvolles, nützliches und notwendiges Institut. Eine moderne Gesellschaft wäre ohne Banken überhaupt nicht denkbar. Worauf wir aber achten müssen, ist, dass die Betrüger sich nicht in den Banken einnisten und sie missbrauchen, um sich selbst zu bereichern.

Wenn also ein Betrüger die Grenze geltender Moral willentlich und wissentlich überschreitet, sind Staatsanwalt und Richter zuständig, um zu prüfen, ob Regeln unseres Zusammenlebens verletzt worden sind. Ist das der Fall, ist nach geltendem Gesetz zu strafen. Dafür reichen unsere moralischen Normen und unsere Gesetze vollkommen aus.

Präsident Barack Obama hat einen Satz gesagt, den ich hier zitieren möchte. „Wir", hat er gesagt, „sind die, die wir erwartet haben." Was er damit meint, ist klar. Nur wir, niemand sonst, kann uns helfen, unsere Probleme zu lösen. Nur wir sind in der Lage, unser Leben sinnvoll und menschenwürdig zu gestalten. Wenn wir unser Schicksal nicht in die Hand nehmen, werden wir zugrunde gehen, denn es wird niemanden geben, der es für uns tun wird. Das ist ein Satz der Mahnung. Und zugleich ein Satz der Verheißung und Zuversicht. Er soll uns nämlich wach machen. Es ist höchste Zeit, sagt dieser Satz, die Verantwortung für uns und unsere Zukunft zu übernehmen. Jeder Einzelne muss das tun. Es ist sonst nämlich niemand da, der das für uns tun könnte. Alles Elend haben wir uns selbst zuzuschreiben. Es gibt keine Entschuldigung und keine Ausrede für Fahrlässigkeit und Nachlässigkeit. Und wir selber werden es uns zu verdanken haben, wenn wir uns eine sinnvolle, menschenwürdige Zukunft schaffen, in der wir angstfrei und tatsächlich vertrauensvoll miteinander umgehen können. Wir müssen es nur wollen.

WERTE SIND VIEL WERT

Dr. Stephan Hostettler
Lehrbeauftragter für Corporate Governance sowie Portfolio Partner des Center for Corporate Governance (CCG) an der Universität St. Gallen (HSG), Dozent am SGMI Management Institut St. Gallen

Wert und Werte sind zweierlei und gehören doch zusammen. Im unternehmerischen Kontext war schon immer viel von Wertorientierung die Rede. So war in den 90er Jahren der Begriff Shareholder Value hoch im Kurs und erregte die Gemüter. In ihm kristallisierte sich die Überzeugung, dass der Unternehmenswert der einzig gültige Maßstab für eine mittel- bis langfristig ausgerichtete Unternehmensführung sein muss. Oder wie es der Ökonom Milton Friedman einst formulierte: „The Social Responsibility of Business is to Increase its Profits."

Man kann darüber streiten, wie absolut diese Aussage einst gemeint war. Tatsache ist, dass langfristig nicht erfolgreich sein kann, wer beim Wirtschaften ausschließlich die Gewinne vor Augen hat. Vielmehr erfolgt die Steigerung eines jeden Unternehmenswerts in einem definierten Werterahmen – rechtlich vorgegeben, durch interne Richtlinien festgelegt und unternehmenskulturell gewachsen.

Wert und Werte von Unternehmen: Die beiden Themen werden im Nachgang zur jüngsten Finanz- und Wirtschaftskrise anlässlich der Kompensation von Führungskräften besonders heiß diskutiert. Über Nacht hatten Steuerzahler und Staat Zuschüsse und Garantien für angeschlagene Banken und industrielle Großbetriebe zu leisten. Dass die hohen Gewinne der Vorjahre privatisiert und die plötzlich auftretenden Milliardenverluste sozialisiert wurden, rief zu Recht Kritiker auf den Plan. Nicht zu unterschätzen ist die Dynamik der öffentlichen Auseinandersetzung zu Vergütungsthemen. Sie entsprechen überdies dem medialen Trend nach Personalisierung komplexer Wirtschaftssachverhalte ideal.

Falsche Anreize – fatale Folgen

Gerade in Zeiten der wachsenden öffentlichen Polemik gilt es Raum zu schaffen für sachlich fundierte Überlegungen zu Unternehmensführung und Entlohnung. Sie beginnen beim Zweck der Organisationsform Unternehmen: Unternehmen müssen darauf ausgerichtet sein, den Wert systematisch und kontinuierlich zu erhalten und möglichst zu steigern. Ein erfolgreiches Wertmanagement ist damit die Basis für eine langfristige, profitable Unternehmensentwicklung.

Sowohl aus strategischer als auch aus operativer Sicht stellt sich die Frage, wie und mit welchen Mitteln eine langfristige Steigerung des Unternehmenswertes erzielt werden kann. Vergütungssysteme sollten dabei nicht nur die ökonomische Wertsteigerung, sondern auch den jeweiligen spezifischen Werterahmen des Unternehmens abbilden. Falsche Anreizsysteme werden gerne als eine der wichtigsten Ursachen für die Finanz- und Wirtschaftskrise bezeichnet. So wichtig Kompensationsmodelle sind: Ihre Bedeutung wird in dem Fall überschätzt. Auch Unternehmen mit guten Anreizsystemen waren von der Krise betroffen, haben, wie sich im Nachhinein herausgestellt hat, Fehler gemacht. Die unternehmerische Wirklichkeit ist komplexer. Gute Anreizsysteme machen den langfristigen Erfolg wahrscheinlicher, indem sie Verhaltensweisen fördern, die auf langfristige Wertschaffung ausgerichtet sind, und umgekehrt das Eingehen hoher Risiken zur kurzfristigen Gewinnmaximierung bestrafen.

Schließlich gibt es eine Reihe von eher technischen Einzelheiten in Vergütungsplänen, die zu einem aus Aktionärssicht nachteiligen Ergebnis führen. So zeigt sich etwa, dass die auch in Deutschland vorherrschende Praxis vergleichsweise hoher Fixlöhne weder Underperformance sanktioniert noch deutliche Outperformance honoriert. Kommt hinzu, dass die Kriterien für die Auszahlung variabler Salärbestandteile meist an jährliche Budgetwerte geknüpft sind. Dies setzt für das Management einen Anreiz, Jahr für Jahr möglichst leicht erreichbare Budgetziele zu definieren. Anders gesagt: An Budgets gekoppelte Bonuspläne belohnen schlechte Performance – das Budget des Folgejahres wird nach unten angepasst – und bestrafen, nach dem gleichen Mechanismus, gute Leistungen. Solche Handlungsanreize stehen einer langfristig gesunden Unternehmensentwicklung im Weg und nehmen die Bedeutung der Unternehmenswerte nicht ernst.

Vergütungssysteme erfüllen innerhalb des vorgegebenen Werterahmens mehrere Funktionen. Erstens sollen die Vorstandsmitglieder für ihre anspruchvollen Aufgaben motiviert und für das Fällen teils unangenehmer Entscheidungen kompensiert werden. Zweitens ist es für die Entwicklung des Unternehmens wichtig, dass gute Vorstände langfristig an das Unternehmen gebunden werden. Dies auch dann, wenn die Gesamtperformance des Unternehmens aufgrund marktwidriger Umstände gering ist. Drittens muss das Vergütungssystem zugunsten des Unternehmenswerts kosteneffizient sein. Und viertens sollte es dazu beitragen, dass sich die operative Tätigkeit der Vorstandsmitglieder an der Unternehmensstrategie, dem Werterahmen und den Interessen der Aktionäre, also den Eigentümern des Unternehmens, ausrichtet.

Denn im Gegensatz zu den eher kurzfristig und eigennutzenorientierten Handlungen des einzelnen Vorstandsmitglieds interessiert sich der Aktionär für eine nachhaltige Wertsteigerung des Gesamtunternehmens und damit seines zur Verfügung gestellten Kapitals. Diese divergierenden Interessen und das dementsprechend unterschiedliche Risikobewusstsein müssen mit Hilfe des Vergütungssystems in Einklang gebracht werden. Die Vorstandsmitglieder sollen als risikobewusste Unternehmer handeln.

Dies wird dann am ehesten gefördert, wenn der variable Vergütungsanteil für die Vorstandsmitglieder spürbar an der internen und externen Wertschaffung festgemacht wird. Während einzelne Komponenten der Wertschaffung gut quantifizierbar sind – etwa Kapital, Immobilien oder Maschinen –, basieren Investitionskriterien wie Markenwert, Reputation, Strategie oder Managementqualität auf einer weitgehend subjektiven Einschätzung und sind Gegenstand der qualitativen Leistungsbeurteilung. Die Steuerung und positive Beeinflussung all dieser Werte über gemeinsame Management-Tools ist Hauptaufgabe von Vorstand und Aufsichtsrat. Mit der Kombination von cash- und aktienbasiertem Bonus kann die variable Vergütung an die tatsächlich erreichte interne und externe Wertschaffung gebunden werden. Das Unternehmen wird über Wertorientierung gesteuert.

Ein angemessenes Barfixsalär bietet dem Manager die nötige finanzielle Sicherheit. Um das vom Aktionär geforderte unternehmerische Denken und Handeln im Vorstand zu fördern, müssen die variablen Vergütungspläne langfristig ausgelegt werden. Dazu kann das sogenannte Malus-Prinzip in Form einer Bonusbank geschaffen werden. Der Bonus eines Jahres wird nicht sofort vollständig ausbezahlt, sondern ein Teil vom Cash-Bonus zunächst gutgeschrieben respektive der Aktien-Bonus über einen gewissen Zeithorizont gesperrt. Vom Guthaben der Bonusbank wird je nach

Ausgestaltung jedes Jahr ein festgelegter Prozentsatz ausbezahlt – der Rest in das nächste Jahr vorgetragen. Dies erlaubt auch die Einführung eines negativen Cash-Bonus bei einer starken Underperformance – dem Malus. Dadurch partizipieren die Vorstandsmitglieder nicht nur an den Chancen, sondern, wie ein Unternehmer und Eigentümer, auch am Risiko. Dies wiederum fördert die Interessenskongruenz zwischen den Vorstandsmitgliedern und Aktionären beziehungsweise Eigentümern.

Hebelwirkung der Vergütungspakete

Damit die Performance-Veränderungen auch monetär tatsächlich spürbar sind, sollte der Hebeleffekt genügend groß sein. Sogenannte Performance Shares oder Performance Units erfüllen diesen Zweck. Während dem Konstrukt der Performance Shares als Auszahlungseinheit eine Aktie zugrunde liegt, erfolgen Ausschüttungen bei Performance Units in Form von Bargeld. Der Hebel respektive der Ausschüttungsfaktor ist abhängig davon, bis zu welchem Grad festgelegte langfristige Zielgrößen vom Vorstand erreicht werden. Ein solches Programm honoriert die Outperformance besonders und bestraft Underperformance dementsprechend. Im Rahmen eines auf Langfristigkeit angelegten Vergütungsprogramms belohnen diese Instrumente auch jene Investitionen, die kurzfristig zwar gewinnbelastend sind, sich mittel- bis langfristig jedoch überproportional auszahlen. Dies motiviert Vorstandsmitglieder, ihre Leistungsziele zu übertreffen, und führt aufgrund der langfristigen Perspektive zu einer verstärkten Identifikation mit dem Unternehmen.

Je nach Führungskultur kann es zudem wesentlich sein, dass der Bonus-/Malustopf, aus dem die variable Vergütung schließlich ausgeschüttet wird, nicht nur auf der Gesamtunternehmensebene angesiedelt ist, sondern zu einem Anteil auch im Funktionsbereich oder der Geschäftseinheit des jeweiligen Vorstandsmitglieds. So kann dem persönlichen Verantwortungsbereich der einzelnen Vorstandsmitglieder Rechnung getragen werden und das Vergütungspaket Unternehmertum auf individueller Ebene fördern.

Durchdachte Wertorientierung

In einem freiheitlichen Staat ist das Verhandeln von Vergütungssystemen die Sache von Aktionären und den von ihnen eingesetzten Aufsichtsräten und Vorstandsmitgliedern. In der Wirtschaftskrise ist der Staat als neuer Akteur auf den Plan getreten. Das ist insofern nachvollziehbar und richtig, als er in einigen Fällen – für einen begrenzten, aber wichtigen Zeitabschnitt – zu einem wichtigen oder sogar zum einzigen Eigentümer geworden ist. Gleichwohl gilt es der Versuchung zu widerstehen, auf dem Rechtsweg moralisch gefärbte Vorstellungen über die richtige Höhe und die angemessenen Mechanismen der Managementvergütung zu verordnen. Es werden damit die Eigentumsrechte geschmälert und die für das erfolgreiche Wirtschaften unabdingbare unternehmerische Flexibilität markant beschnitten. Was als Dienst an der Gemeinschaft verkauft wird – Zügelung von Managern, die auf Kosten des Volkes private Gewinne abschöpfen – kann zum Bumerang werden. Dann nämlich, wenn der Wirtschaftsstandort Deutschland für engagierte und ambitionierte Führungskräfte unattraktiv wird.

Unternehmen sind also gut beraten, eigeninitiativ einen Werterahmen zu schaffen, der risikobewusstes, langfristiges Denken sowie Handeln fördert und damit den Grundstein für eine nachhaltige Unternehmenswertentwicklung legt. Ein solches Umdenken braucht seine Zeit. Es gilt die unterschiedlichen Perspektiven und Interessen von Vorstand, Aktionären, Aufsichtsrat und Mitarbeitern aufeinander abzustimmen. Schließlich entfalten durchdachte Vergütungssysteme ihre Wirkung erst, wenn Anreize nicht nur das situative Handeln von einzelnen Vorstandsmitgliedern beeinflussen, sondern sich wiederholende Handlungsmuster kulturell verankern. Denn ökonomischer Mehrwert entsteht nur dort, wo entsprechende Werte auch gelebt werden.

BÖRSENNOTIERTE UNTERNEHMEN

VERTRAUEN SCHAFFEN UND WERTE VORLEBEN – EINE MARKETINGSICHT

Dr. Mark Weigelt
Head Marketing & Communications Germany
UBS Deutschland AG

Vertrauensverlust im Privatkundengeschäft

Der erdrutschartige Vertrauensverlust in die Finanzunternehmen hat viele Großbanken unvorbereitet getroffen. Nach einigen Boomjahren, in denen das Kundenvertrauen durch gute Performance und günstige Marktumstände in vielen Geschäftsbereichen zyklisch gestärkt wurde, kam die große Krise. Neben den fundamental bedrohlichen Einschränkungen im Interbankenhandel und den aus früheren Krisenzeiten gewohnten negativen Auswirkungen auf die Kreditvergabe im institutionellen Geschäft wurde auch das Privatkundengeschäft schwer getroffen. Insbesondere im lange erfolgsverwöhnten Wealth-Management mit vermögenden Privatkunden ist ein signifikanter Vertrauensverlust entstanden.

Befragungen zufolge ist das Vertrauen privater Kunden sowohl in Großbanken als auch in Privatbanken als Auswirkung der Finanzmarktkrise deutlich gesunken. In den zwölf Monaten nach Ausbruch der Krise haben bis zu 25 Prozent der vermögenden Kunden ihr Vermögen ganz oder in weiten Teilen von ihren bisherigen Vermögensverwaltern abgezogen.[1] Natürlich gibt es unter den Anbietern Gewinner und Verlierer, aber eine branchenweite Verunsicherung ist spürbar. Wie Kundenbefragungen ebenfalls belegen, wird der Vertrauensverlust vom allgemeinen Wunsch der Kunden nach einer stärkeren Orientierung an Werten wie beispielsweise „Ehrlichkeit" und „Transparenz" begleitet.[2] Aus Unternehmens- und Marketingsicht stellt sich somit die Frage, wie das Kundenvertrauen wiederhergestellt werden kann und in welcher Wechselwirkung diese Bemühungen zu der öffentlichen Diskussion über Werte und ethisches Verhalten stehen.

Da ein Kunde eine Dienstleistung wie das Wealth-Management nicht einfach unverbindlich ausprobieren kann wie ein Automobil bei einer Probefahrt, handelt es sich hier um ein Vertrauensgeschäft im engeren Sinne. Entsprechend ist das ultimative Ziel des Marketings, ein vertrauensvolles „Ja" des Kunden zum Premium-Dienstleistungsangebot des Wealth-Managers zu erhalten. Dieses „Ja" des Kunden muss in der Folge durch die optimale Leistungserbringung vom Kundenberater und vom Unternehmen laufend als richtige Wahl bestätigt werden, so dass das Vertrauen in Berater und Wealth-Manager gestärkt wird und eine langfristige und zufriedene Kundenbeziehung entsteht. Begleitet wird dieser Vorgang von Marketing und Vertrieb mit dem vielfältigen Instrumentarium des Marketing-Mix, das von klassischer Werbung über Premium-Events, Sponsorings und Dialogmarketing bis hin zu exklusiven Internetportalen für ausgewählte Zielkunden reicht.

 Fehlt nun das Vertrauen des Kunden, ist aus Marketingsicht der Tiefpunkt erreicht. Können in guten Zeiten beispielsweise werbliche Botschaften wie „Partnerschaft“ oder „Wir sind für Sie da“ positiv beschleunigende Impulse setzen, beginnt in schlechten Zeiten ein Teufelskreis: Mangels Glaubwürdigkeit können solche Botschaften sogar negative Effekte haben. Dies lässt sich branchenübergreifend für Geschäfte im Premium- bzw. Luxussegment feststellen. Die Herausforderung besteht darin, den negativen Kreislauf aus mangelndem Kundenvertrauen, resistentem Verhalten gegenüber werblichen Botschaften und daraus resultierendem negativen Geschäftsverlauf zu durchbrechen.

Reputation und Vertrauen

Studien bestätigen eine sehr hohe Korrelation zwischen der Reputation eines Unternehmens einerseits und dem Vertrauen, das ein Kunde einem Unternehmen entgegenbringt, andererseits.[3] Überraschender ist, dass die Zusammenhänge zwischen dem finanziellen Erfolg eines Unternehmens und der Reputation weniger eindeutig ausgeprägt sind: Während zum Beispiel in der Finanzindustrie selbst Banken mit guten Ergebnissen während der Krise in Reputationsfragen in „Sippenhaft“ genommen und in Rankings von Kunden abgestraft wurden[4], haben Automobilkonzerne schlechte wirtschaftliche Ergebnisse wiederholt ausgestanden und auch während der Krisenzeiten keine extremen Reputationsverluste erlitten. Finanzieller Erfolg und Reputation sind folglich bisweilen zwei Paar Schuhe.

Negative Reputation jedoch impliziert Vertrauensverlust beim Kunden in das Unternehmen.

Aus Marketingsicht ist das Dilemma der Finanzkrise im Wealth-Management damit augenscheinlich: Bei Reputationsverlust ist mangelndes Kundenvertrauen die Folge. Der verunsicherte Kunde wird sich durch plakative Maßnahmen oder Werbebotschaften gerade in dieser Phase nicht beeindrucken lassen. Im Vergleich wäre das gerade so, als wenn ein Mensch, der einen Freund schwer enttäuscht hat, nun in breiten Ankündigungen öffentlich erklären würde, künftig ein verlässlicher Partner zu sein. Bei kleineren Enttäuschungen mag dies gelegentlich möglich sein, ist das berühmte Band aber erst einmal zerschnitten, wird das nicht funktionieren. Gleiches gilt für Unternehmen in den Beziehungen zu ihren Kunden: Für Vertrauen kann man nicht werben, man kann es nur schaffen.

Zurück zum Ausgangspunkt: Warum verlässt ein Kunde seinen Wealth-Manager? Das „Nein" des Kunden wird auch in dieser Krise wieder vorwiegend durch negative Erfahrungen wie „unbefriedigende Performance der Geldanlage" oder „ungenügende aktive Empfehlungen zur sicheren Geldanlage" vom Kunden selbst begründet. Der Vertrauensverlust ist folglich sehr konkret aus Kundensicht durch eine Fehlleistung des Wealth-Managers verursacht. Dies beurteilt ein Kunde verständlicherweise absolut und nicht relativ, das heißt, Verlust ist Verlust, auch wenn dieser beispielsweise im Vergleich zum Markt und bei Berücksichtigung des gemeinsam vereinbarten Risiko/Rendite-Profils gering ausgefallen sein mag. Die unzufriedenen und wechselwilligen Kunden wirken dann wiederum negativ auf die Reputation des Unternehmens.

Interessanterweise unterscheidet aber der vermögende Kunde in der Vertrauensfrage sehr viel genauer als häufig angenommen zwischen seiner persönlichen Erfahrung in der Geschäftsabwicklung und seiner Einstellung zum gesamten Unternehmen. Fragt man nach dem Vertrauen in das Unternehmen, wird auch in der Stammkundschaft das Ergebnis sehr stark von der allgemeinen Reputation des Unternehmens beeinflusst. Das Vertrauen zum Kundenberater ist davon jedoch weitgehend unberührt.[5] Gerade bei Unternehmen, die eine Reputationskrise durchlaufen, sind viele Kunden mit ihrem Kundenberater oder Ansprechpartner im Vertrieb äußerst zufrieden, obwohl das Vertrauen gegenüber dem Unternehmen als Ganzes geschwunden sein mag. Die Kunst der Vertrauensbildung besteht folglich darin, diese intakte Beziehung weiter zu stärken oder neu anzuwerbende Kunden auf diese bestehenden Vertrauensverhältnisse hinzuweisen.

Vertrauen schaffen

Der Mensch vertraut nun per se üblicherweise in „Häppchen". Jedes eingelöste Versprechen schafft Vertrauen für den nächsten Schritt. Ist es eine wahre Freude, ein Auto testzufahren, gilt dies als die halbe Miete für einen späteren

Kauf. Hat ein Wealth-Management-Kunde – oder dessen enger Vertrauter – über einen gewissen Zeitraum auch in der Krise erfahren, dass seine Anlagen sicher sind und dass auch eine angemessene Rendite erbracht wurde, kehrt Vertrauen ein beziehungsweise zurück. Dieses Vertrauen entsteht sehr unmittelbar in das Produkt (Auto) und den Premium-Service (Wealth-Management). Entsprechend konzentriert sich dieses gewonnene Vertrauen beim Auto auf das Vertrauen in das spezifische Modell mit einem positiven Abstrahleffekt auf das Unternehmen. Bei der Premium-Dienstleistung erwirbt in der Regel der Kundenberater das Vertrauen. Auch hier ist ein positiver Abstrahlungseffekt auf das Unternehmen zu erwarten.

Beide angeführten Beispiele gelingen natürlich auch in Zeiten negativer Unternehmensreputation, nur ist es entsprechend schwieriger. Vertrauen zu schaffen sollte nur hier ansetzen. Marketing muss dies mit diversen Maßnahmen aus dem Marketing-Mix begleiten. Solange sich alle Botschaften auf die enge Beziehung zwischen Kunde und Kundenberater und auf das Kerngeschäft beziehen, wird der Effekt grundsätzlich positiv sein. Dies gilt umso mehr, je besser es gelingt, dies ebenfalls in „Häppchen" zu kommunizieren, das heißt, konkrete Elemente und Inhalte der Vermögensberatung glaubhaft zu transportieren. Damit lässt sich das oben angesprochene Dilemma aushebeln. Sicher ist der Grad zwischen unterstützenden und negativ wirkenden Maßnahmen in der Praxis gerade in der breiteren Kommunikation nach außen schmal, aber er ist gangbar.

In der Umsetzung liegt die Kunst dann in der tatsächlichen Ausrichtung aller Marketing- und Vertriebsaktivitäten des Unternehmens auf diese Kernbotschaften, so dass sie für den Kunden glaubhaft und nachweisbar erbracht werden. Aus der (wieder) hergestellten Identität zwischen Versprechen und Erfahrung entsteht Vertrauen.

Werte vorleben

In Anbetracht der öffentlichen Diskussion nach einer stärkeren Orientierung an Werten bleibt die Frage offen, inwieweit ein aktives Eintreten für Werte und wertekonformes Verhalten im Krisenumfeld zusätzlich vertrauensbildend wirken kann. Dabei steht außer Frage, dass jedes Großunternehmen per se den öffentlichen Auftrag für Werte und wertekonformes Verhalten wahrnehmen sollte, um seinen Teil zu dieser wichtigen gesellschaftlichen Aufgabe beizutragen. Aus Marketingsicht ist zu klären, ob die deutliche Kommunikation der einen oder anderen Maßnahme positive Effekte erzielt oder nicht.

Mit Werten verhält es sich im Grundsatz ähnlich wie mit Vertrauen. Bei positiver Reputation eines Unternehmens wird man es als Kunde sicher begrüßen, wenn das Unternehmen auch öffentlich für Werte wie faires Wirtschaften, transparente Märkte und Preise eintritt. Bei negativer Reputation greift hier allerdings ein analoger Mechanismus wie beim Vertrauensverlust bezüglich eines Unternehmens. Auch der Privatkunde weiß, dass alle benötigten

Ressourcen und Investitionen für ein Engagement zunächst erwirtschaftet werden müssen. In der extremen Sicht geschieht folglich ein Werte-Engagement auf Kosten des Kunden. Dies nehmen Kunden auch sehr genau wahr: Befragt man sie zum Beispiel nach Entscheidungskriterien im Wealth-Management, ist das Kriterium „Preis-/Leistungs-Verhältnis" um Faktor 10 wichtiger als „Gesellschaftliche Engagements".[7] Je stärker die Krise, umso deutlicher die Diskrepanz zwischen den beiden genannten Entscheidungskriterien.

Allerdings kann die Wertediskussion ähnlich wie die allgemeine Vertrauenskrise zu einer Konkretisierung des Leistungsversprechens beitragen. Mehr Transparenz und Offenheit gegenüber dem Kunden ist sicherlich in der Finanzdienstleistungsindustrie möglich und notwendig. Entsprechend muss auch das Marketing im Wealth-Management versuchen, mehr Transparenz über die zunächst abstrakte Premium-Dienstleistung zu schaffen, und einzelne Elemente wie den Intensitätsgrad der Beratung oder den Aktualitätsgrad des Marktdialogs präzise kommunizieren.

Die Kunst des Marketings in Krisenzeiten ist folglich, in wenigen Worten glaubhaft und nachprüfbar aufzuzeigen, welche Leistung ein Kunde mit Sicherheit erwarten kann. Dies klingt einfach und ist schwierig. Doch wie so häufig ist der Weg zum Erfolg in der einzuschlagenden Richtung nicht schwer zu finden, in der Bewältigung des Weges aber beharrlich umzusetzen und in Teilschritten zu optimieren.

Das Eintreten für Werte kann unterstützend eingesetzt werden. Dabei sollte die aktive Vermarktung in der Breite den jeweiligen Zyklen angepasst werden. Werte-Marketing ist insofern in der öffentlichen Kommunikation – paradoxerweise – überwiegend zyklisch einzusetzen.

Marketing als Ganzes hingegen ist – zumindest im Grundsatz, einmal abgesehen von notwendigen Budgetanpassungen – gerade im Premium-Segment stark antizyklisch einzusetzen. Ein auf die Kernleistungen eines Unternehmens zugeschnittenes Marketing kann einen wichtigen Beitrag auf dem Weg zur Vertrauensbildung beim Kunden und damit zum Erfolg eines Unternehmens leisten. Dies gilt auch, wenn deutliche Reputationsverluste zu verkraften sind. Passgenaue und glaubwürdige Botschaften sind der Schlüssel zum Erfolg. Hier schließt sich der Kreis zu Vertrauen und Werten. So kann Vertrauen wieder geschaffen und Werte können vorgelebt werden.

Quellen:

1 World Wealth Report, Merrill Lynch und Cap Gemini, o.O., 2009
2 Auswirkungen der Finanzmarktkrise auf das Vertrauen der Deutschen, BBDO Consulting Studie, A. Gelbert, M. Pfründer, München, 2009
3 German Wealth Monitor von Brandcontrol GmbH, Dezember 2008 in: Wiederbelebungsversuche für das marode Bankenimage, C. Gehl, H. Reuter, WV Media 6/2009, S. 12 ff.
4 Studie UBS Reputation Tracking, März 2009
5 Kundenbefragung UBS, 2008
6 Power Brands, H. Riesenbeck, J. Perry, Weinheim 2009
7 Interne Studie zur Reputation, 2008

MENSCHEN UND IHRE WERTVORSTELLUNGEN ENTSCHEIDEN ÜBER DEN ERFOLG

Martin Blessing
Vorsitzender des Vorstandes Commerzbank AG

An viele Unternehmen wird in der Post-Krisen-Diskussion die Aufgabe herangetragen, sie sollten Werte schaffen. Das ist eine sehr allgemein gehaltene Formulierung. Wie füllen Sie diese mit Leben?
Wir Banken haben die Aufgabe, für unsere Kunden einen erkennbaren Wert zu schaffen. Das ist zunächst die rein betriebswirtschaftliche Sichtweise. Vor dem Hintergrund der Finanzmarktkrise haben wir eine weitere, wichtige Aufgabe: Wir müssen erklären, welche Rolle Finanzdienstleister in Zukunft spielen und für welche Werte sie stehen. Hier gibt es Klärungsbedarf und wir stellen uns der Diskussion. Spiegelbildlich dazu müssen wir aber auch intern die Debatte fortführen, wie wir unser Wertegerüst weiter festigen können. Seit 2007 verfügen wir hier über einen Prozess, der uns sehr wichtige „Leitplanken" gibt – den ComWerte-Prozess. Dieses gemeinsame Wertesystem ist auch die Basis für die Integration der Kollegen aus der Dresdner Bank.[1]

ComWerte – das verlangt nach Klärung. Welche Werte spricht Ihr Unternehmen hier an?
Über unseren geschäftlichen Erfolg bestimmen maßgeblich die Mitarbeiter. Wir wollen Rahmenbedingungen schaffen, die von Wertschätzung geprägt sind. Dabei setzen wir auf fünf zentrale Werte: Teamgeist, Respekt und Partnerschaft-

 lichkeit, Integrität, Marktorientierung sowie Leistung. Der Vorstand hat dieses Wertegerüst in seinen wesentlichen Elementen formuliert. Seine Basis ist die gewachsene Kultur unseres Hauses, sie geht letztlich auf die Tugenden des sprichwörtlichen hanseatischen Kaufmanns zurück. Schließlich wurde unsere Bank im Jahr 1870 in Hamburg von Kaufleuten und Privatbankiers gegründet.

Wie stehen Sie zu den staatlichen Beteiligungen an Unternehmen, insbesondere bei Banken? Ist das nicht eine Verkehrung der Werte, wenn Dritte, nämlich die Steuerzahler, für die Folgen der Turbulenzen aufkommen müssen, die Unternehmen eigentlich selbst tragen sollten?
Erster Punkt: Wir werden die Mittel, die wir vom Staat erhalten haben, wieder zurückzahlen …

… und Ihr zweiter Punkt?
Es ist viel geredet worden über systemrelevante Banken. Was steckt hinter dem Begriff? Wenn nach der Lehman-Insolvenz ein weiteres großes Haus in Folge der Finanzmarktkrise in solche Schwierigkeiten geraten wäre, hätte das ungekannte Auswirkungen für Sparer, Unternehmen, Kommunen und unsere ganze Volkswirtschaft nach sich gezogen. Das Vertrauen der Bürger in unser Wirtschaftssystem und nicht nur in die Banken wäre nachhaltig verloren gegangen. Das hätte massive Auswirkungen gehabt.

Wir hatten nie das Ziel, staatliche Mittel anzunehmen, das ist völlig klar. Sie haben Überbrückungsfunktion, wir haben sie in Anspruch genommen und werden sie zurückzahlen.[2]

Mal ohne Schuldzuweisungen: Was war denn vorher so schiefgelaufen, dass es zu dieser Krise kommen konnte?

Wir hatten eine anhaltende Phase niedriger Zinsen. Das hat dazu geführt, dass, etwa in den USA, große Teile der Bevölkerung Kredite aufgenommen haben, die sie, als die Zinsen wieder stiegen, nicht mehr bedienen konnten. Ein Teil des geliehenen Geldes wurde für Hauskäufe verwendet, ein erheblicher Teil floss aber auch direkt in den Konsum. So hat auch die deutsche Exportwirtschaft in Teilen davon gelebt, dass sich ihre Abnehmer, wie sich heute zeigt, finanziell überlastet haben. Um es klar zu sagen: Kredit war einfach zu bekommen und billig. Alle haben den Gedanken verdrängt, dass das irgendwann anders sein könnte.

Waren die Anreize falsch gesetzt, so dass zu viele Kredite vergeben wurden?

Natürlich hätte man, im Nachhinein gesehen, jeden Kredit, der ausfällt, nicht vergeben sollen. Aber das lässt sich eben nur im Nachhinein sehen. Die einzige Chance, das zu 100 Prozent zu verhindern, ist, gar keinen Kredit mehr zu vergeben. Wenn nur noch Kredite vergeben werden, bei denen es kein Risiko gibt, bei denen alle Schuldner alles zurückzahlen, braucht man keine Bank. Aber eine solche Welt gibt es nicht. Wir haben Risiken, die müssen wir managen – und wir müssen in normalen Zeiten in der Lage sein, die Belastungen zu tragen. Die lange Geschichte der Commerzbank zeigt, dass wir das weit über 100 Jahre lang problemlos und mit Erfolg erledigt haben.

1 Anmerkung der Herausgeberin: Die Commerzbank kündigte Ende August 2008 an, die Dresdner Bank von der Allianz zu übernehmen. Im fusionierten Unternehmen wird allein die Marke Commerzbank weiter bestehen.

2 Anmerkung der Herausgeberin: Im Zuge der Hilfsaktion der Bundesregierung während der Bankenkrise erhielt die Bank frisches Geld vom Steuerzahler. Der staatliche Bankenrettungsfonds SoFFin wurde so auch neuer Großaktionär der Bank. Die Bundesrepublik Deutschland hält nun 25 Prozent plus eine Aktie am Grundkapital dieser Bank. Bedingung dafür war auch eine Deckelung der Vorstandsbezüge.

DIE MARKE SPIEGELT DIE WERTE, VERTRAUEN MUSS MAN LIEFERN

Robert Feldmeier

CEO der Triumph Adler AG

Herr Feldmeier, zehn Jahre sind eigentlich eine lange Zeit, oder?
Das kommt auf den Standpunkt an. Weshalb fragen Sie?

Weil Sie in dieser Zeit das darniederliegende Unternehmen Triumph-Adler mit viel persönlichem Einsatz völlig umgekrempelt haben. War es das wert?
Ja, unbedingt. Der Erfolg ist da. Doch er war nur möglich durch das konsequente Engagement aller Mitstreiter.

Was war für Sie dabei das Wichtigste?
Auf den Punkt gebracht, war wiedererwecktes oder neu gewonnenes Vertrauen der Motor für die Erfolgsgeschichte von Triumph Adler: vom beinah zerschlagenen Mischkonzern für Fahrräder, Motorräder oder Schreibmaschinen über eine der ersten deutschen Private-Equity-Marken in den 80ern bis zum heutigen Marktführer im Document Business in Deutschland – und vielleicht irgendwann sogar in Europa.

Das ging jetzt zu rasch. Vertrauen von wem in was?
Das Fundament für eine gute Entwicklung hat vier elementare Pfeiler: die Eigentümer, die Mitarbeiter, die Banken und die Kunden. Sie alle vertrauen – so einfach ist das im Grunde – auf zuverlässige Lieferung.

 Bitte? Könnten Sie das etwas näher erläutern?
Den Aktionären muss man eine Perspektive aufzeigen, die am Ende auch den entsprechenden Profit verspricht und liefert. Bei den Mitarbeitern geht es gleich um mehreres. Sie müssen sowohl für sich eine Zukunft sehen, aber auch für das Unternehmen. Am wichtigsten ist es nach meiner Erfahrung, ihnen das Inhaltliche aufzuzeigen, also in welche Richtung sich die Firma entwickeln soll und wird. Das Erreichen von Zielen bedeutet demnach das Liefern von Sollwerten oder Visionen.

Andererseits gibt es ohne Vertrauen seitens der Bank oder anderer Kapitalgeber keine Finanzierung und kaum eine ordentliche Zukunft. Man muss also sehen, dass man mit den Finanziers ein Vertrauensverhältnis aufbaut – und einen Vertrauensvorschuss erkämpft. Solchen Bonus erhält man freilich nur, wenn man das, was man verspricht, auch liefert: nachvollziehbare Erfolge sowie die pünktliche Bedienung des Kapitals.

Schließlich ist es ausschlaggebend, dass die Kunden den Nutzen sehen, den wir ihnen mit unseren Lösungen bringen. Sie müssen bereit sein, dafür zu zahlen. Der entsprechende Gegenwert, das muss man kaum erwähnen, sollte in jedem Fall nachhaltig, jederzeit absolut zuverlässig und In-Time zur Stelle sein.

Klingt einfach, ist es aber wohl nicht?
So ist es (*schmunzelt*). Es sind Dinge, die man alle unter einen Hut bringen muss. Entscheidend ist, dass in diesem

virtuellen Viererteam, welches jedoch an jedem Tag unmittelbar präsent ist, alle Spieler dem Unternehmen gleichzeitig ihr Vertrauen erweisen. Das Wichtigste: Was in Aussicht gestellt ist, tatsächlich liefern und zwar pünktlich.

Welche Werte sind Ihnen persönlich in Ihrem Umfeld wichtig?
Zuverlässigkeit und Nachhaltigkeit. Das betrifft im Prinzip das Unternehmen, die Produkte, die Mitarbeiter und natürlich die eigene Person. Das sind die wesentlichen Dinge, auf die es ankommt. Daraus wächst dann die Glaubwürdigkeit, wenn man durchhält und, siehe oben, im übertragenen Sinne liefert.

Haben sich diese Tugenden für Sie über die Zeit verändert?
Nein, sie sind gleichgeblieben und sie werden auch in Zukunft gleichbleiben. Sie stehen mit für Sicherheit und Profitabilität.

Das klingt vergleichsweise konservativ.
Mit diesem Lob kann ich umgehen *(lacht)*. Ich gehöre sicher zu den Wertekonservativen. Nur wer sich voll einsetzt, alles gibt, länger und härter arbeiten will, ehrlich ist und zu eiserner Disziplin bereit ist, findet den Erfolg. Da sind sie wieder, die alten Werte.

Gibt es für Sie Vorbilder?
Auf jeden Fall. Zunächst einmal können wir – immer noch – von den Japanern lernen. Nicht allein, weil sie aus Ideen

Produkte machen: Die Deutschen erfinden den MP3-Player, die Japaner produzieren ihn. Sondern ganz besonders deshalb, weil sie ganz tief verwurzelt in langfristigen Grundsätzen denken. Die Amerikaner ticken in Quartalen und wir Europäer waren bislang jedenfalls sehr stark fiskalzyklisch getrieben. Die Asiaten investieren auf Jahrzehnte, sind jedoch im Hier und Heute total flexibel. Der Chef betrachtet sich als Staffelläufer, der den Stab bekommen hat und ihn irgendwann zuverlässig an einen Teamkollegen weitergibt, der dem gemeinsamen Ziel weiter entgegenstrebt.

Sehen Sie das in Deutschland nicht?

Doch, Vergleichbares haben selbst große deutsche Unternehmer wie Daimler oder Siemens einst vorgemacht. Sie verstanden es bereits damals – mit ihrem Kenntnisstand und unter ihren Bedingungen – Nachhaltigkeit zu schaffen und zeigten beachtliche gesellschaftliche Verantwortung. Damals, als es noch nicht Sustainability oder Corporate Social Responsibility hieß – obschon es nicht verwerflich ist, mit diesen Begriffen zu arbeiten, wenn sie denn der Allgemeinheit ein Begriff sind. Jedenfalls haben wir solche Unternehmer und Führungskräfte auch heute noch, sie werden immer wichtiger angesichts einer schwelenden Vertrauenskrise in äußerst schwierigen Zeiten.

Welche Voraussetzungen muss ein Unternehmen schaffen, um erfolgreich aus der Krise zu kommen?

Im Wesentlichen muss ein vernünftiges Konzept da sein – neben angemessener Liquidität selbstverständlich. Man braucht eine Vision und ein Mission Statement für das eigene Unternehmen. Das heißt, die Leute müssen wissen, wofür das Unternehmen steht. Wir haben beschrieben, was uns wichtig ist. Und dieses Statement wird gelebt, indem es einerseits jedem zugänglich ist, also in jedem Raum hängt, und wir andererseits in unseren Veranstaltungen regelmäßig darüber sprechen, wie sich die einzelnen Punkte entwickeln. Wo haben wir Schwächen, wo konnten wir Erfolge erzielen, wo stehen wir? Wenn man das ernst nimmt und gradlinig verfolgt, dann hat man auch Mitarbeiter, die mündig und motiviert sind.

Was kann die Werte fördern, die aus Ihrer Sicht für die deutsche Wirtschaft und unsere Zukunft wichtig sind?
Wir brauchen Bildung und Innovation. Wir haben keine Rohstoffe, wir haben kaum Bodenschätze. Insofern gibt es nur eines: Wir müssen bessere Produkte und Lösungen schaffen als die anderen. Dazu gehören erstklassige Bildung und eine daraus entspringende starke Innovationskraft.

Das dauert allerdings wohl mehr als zehn Jahre.
Unerheblich. Wer das Ziel kennt, wird auch den Weg finden.

IM EXTREMFALL KÖNNTE ICH SAGEN, MOBILITÄT IST AUCH SYSTEMRELEVANT

Joachim Hunold
CEO Air Berlin PLC & Co.

Wie definieren Sie unternehmerischen Erfolg?
Ich glaube, das ist eine Komponente aus wirtschaftlichem Erfolg und strategischer Entwicklung. Für mich hat der Unternehmenserfolg eine sehr hohe Priorität. Es ist entscheidend, dass ich als Unternehmer denke und versuche, auch meinen Mitarbeitern im Unternehmensalltag zu vermitteln, sich in die Lage des Unternehmers zu versetzen, sich in ihrer Arbeit unternehmerisch zu engagieren. Das führt letztendlich zu einem unternehmerisch erfolgreichen Unternehmen.

Sie fördern in Ihrem Hause eine unternehmerische Kultur?
Ich habe von Anfang an von meinen Mitarbeitern gefordert, dass sich keiner hinter dem Unternehmen versteckt, sondern auch Entscheidungen trifft und Verantwortung übernimmt. Das beschränkt sich nicht auf die Führungsebene, sondern gilt auf allen Ebenen und ist gerade im Dienstleistungsbereich unabdingbar. Das schließt auch eine gesunde Fehlerkultur ein.

Und wie gehen Sie dann mit den Fehlern um?
Indem ich zunächst den Mut zu einer Entscheidung anerkenne, das Positive an einer Entscheidung hervorhebe und andererseits offen mit dem Fehler umgehe, ihn also beim

Namen nenne und erwarte, dass er möglichst schnell korrigiert wird. Vor allem das Eingeständnis von Fehlern soll nicht sanktioniert werden. Fehler, die verschwiegen werden und dann über Jahre mitgezogen werden, weil jemand sein Gesicht wahren will, können weitaus größeren Schaden anrichten als jene, die man offen anspricht und korrigiert. Es bedarf sicher dennoch eines gewissen Rückgrats, Mut und innerer Unabhängigkeit, offen mit Fehlern umzugehen.

Fehlt uns in Deutschland eine offene und konstruktive Fehlerkultur?

Eindeutig! Meines Erachtens hat das damit zu tun, dass für viele die Führungspositionen mit einem gewissen Selbstverständnis oder Status verbunden sind, den man durch einen offenen Umgang mit den eigenen Fehlern nicht gefährden will. Letztlich geht es dabei um die Priorisierung der eigenen Karriere, die manchmal im Gegensatz zur Loyalität gegenüber dem Unternehmen steht. Die Loyalität eines Menschen konnte ich oft aus den vielen Bewerbungsschreiben herauslesen, die über meinen Tisch gingen. Entscheidend ist dann für mich, ob die Loyalität zum Unternehmen erkennbar ist oder ob sie eher der eigenen Karriere gilt. Loyalität darf man meines Erachtens nur dann aufgeben, wenn man seine Ideen und Überzeugungen, aus welchen Gründen auch immer, nicht mehr umsetzen kann. Schwierig finde ich die Haltung, dass sich das Unternehmen den eigenen Vorstellungen anpassen muss.

Wie sehen Sie im Lebenslauf, ob eine Person loyal war oder nicht?
Die Beurteilung der Loyalität einer Person hat auch ein Stück mit Menschenkenntnis zu tun. Wenn man meinen Lebenslauf analysiert, hätte aus mir eigentlich nichts werden dürfen. Menschen, die schon im Studium früh praxisorientiert gearbeitet haben, sind mir immer lieber als jemand, der sofort seine Karriere geplant hat, also Abi, dann Studium, dann Unternehmensberater und dann gucke ich, wo ich unterkomme. Menschen, die sich immer etwas erarbeiten mussten, nichts geschenkt bekommen haben, die haben meist einen ganz anderen Ansatz.

Bei uns leben die Mitarbeiter für ihr Unternehmen. Ich habe meinen Leuten immer gesagt, dass die Sicherheit ihrer Arbeitsplätze von ihnen selbst abhängt. Unser Unternehmen ist für mich wie ein Räderwerk. Nicht die Größe ist entscheidend, sondern dass das Rad läuft. In einem Uhrwerk hat auch ein kleines Rad die gleiche Wertigkeit wie ein großes. Vielleicht muss es nicht die gleiche Kraft bewegen, aber es ist für das Ganze genauso wichtig. So habe ich es stets vermittelt. Wir haben zwar Hierarchien, aber auf denen liegt bei uns nicht der Fokus.

Ich möchte zur Verdeutlichung ein Beispiel aus unserem Betrieb nennen. Dabei geht es um eine Berufsgruppe, die an erster Stelle unser Produkt an Bord ausmacht, die Stewardess. Stewardess zu sein ist ein Job, den man möglichst für eine kurze Zeit ausübt, weil er familienunfreundlich ist und Dienstzeiten mit sich bringt, die im normalen Leben so nicht vorkommen. In unseren früheren Ausbildungskursen zum Flugbegleiter hatten wir immer eine hohe Fluktuation. Nach der Hälfte der Ausbildung waren nur noch 50 Prozent der Leute da. Irgendwann haben wir dann unser System umgestellt und zunächst versucht, den Bewerbern ihren Traumjob auszureden. Unser Ziel war es, Menschen zu finden, die ernsthaft und langfristig bei uns arbeiten wollten. Da sind wir wieder beim Punkt Ehrlichkeit und Loyalität.

Zunächst haben wir die Bewerber gefragt, warum sie eine Beschäftigung als Flugbegleiter anstreben. Meistens ging es den Bewerbern um „Land und Leute kennenlernen" oder fremde Sprachen lernen, für uns war das zum Teil ein Indiz für ein geplantes halbes Jahr bezahlten Urlaub. Also haben wir unseren Bewerbern zunächst die Schattenseiten ihres Traumjobs vor Augen geführt, was er zum Beispiel für den Alltag oder für Beziehungen bedeuten kann und was es eigentlich heißt, diesen Job zu machen. Zudem haben wir die Ausbildung so geändert, dass die Neuen zur Ausbildung nach Berlin kommen mussten, kein Geld bekamen und die Unterkunft sechs Wochen lang selbst bezahlten. Erst wenn sie die Prüfung bestanden hatten, bekamen sie eine Aufwandsentschädigung von 500 Euro.

Jetzt können Sie sagen, da kommt der Kapitalist Hunold zu Tage, ein Attribut, das man mir seit jeher anheftet. Was wir mit diesen Maßnahmen tatsächlich erreicht haben, war eine Auslese des Kabinenpersonals. Die neuen Auszubildenden mussten sich womöglich von ihren Eltern oder einer Bank Geld leihen und haben auf einmal in ihre eigene Zukunft investiert. Durch diese Investition bekam die Ausbildung für sie einen viel höheren Wert, mit dem sie auch anders umgingen als mit einem Geschenk. So haben wir zufriedenere und engagierte Flugbegleiter, für die ihr Beruf mehr ist als ein abenteuerlicher Durchlaufposten.

Welche Werte sind Ihnen persönlich wichtig und welche spielen in Ihrem Hause eine zentrale Rolle?
Ehrlichkeit, Gradlinigkeit und Verlässlichkeit. Das sind für mich eigentlich die wichtigsten Komponenten und damit ist man dann auch glaubwürdig. Wenn die Glaubwürdigkeit angekratzt ist, und das sieht man heute in der Gesellschaft überall, dann kann man auch schlecht ein Unternehmen führen. Man muss als Unternehmer natürlich immer mehr von sich verlangen, aber man muss auch eine Vorbildfunktion haben. Wenn ich die aufgebe, dann kann ich von keinem erwarten, dass er meinen Ideen und Vorgaben folgt.

Wird Ehrlichkeit nicht oft am Markt bestraft?
Das ist eine grundsätzliche Frage des Kapitalmarktes. Macht es Sinn, Quartalsergebnisse zu veröffentlichen, wenn man in einem sehr volatilen Geschäft wie bei uns eine langfristige Strategie verfolgt? Aber letztlich geht es hier um Gesetzmäßigkeiten. Keiner kann sich erlauben, am Kapitalmarkt unehrlich zu sein.

Sie machen noch Geschäft auf Handschlag?

Ja! Allerdings ist das immer sehr stark personenbezogen. Das ist eine Sache, die man sich erarbeiten muss. Vertrauen schafft man ja nicht von heute auf morgen, sondern es entsteht über die Zeit durch Dinge wie Verlässlichkeit und Gradlinigkeit. Wenn man sich Vertrauen erarbeitet hat, dann hat man auch eine gewisse Autorität, die einem Stärke in der Geschäftsbeziehung gibt. Man lebt besser, wenn man sich nichts vorzuwerfen hat. Ich tue mich immer schwer mit Leuten, die nach außen glänzen und deren Glanz sich durch einen dummen Zufall als Schein entpuppt. Ich will jetzt nicht über kriminelles Fehlverhalten wie Korruption sprechen. Für mich fängt das schon im Kleinen an. Ich würde nicht auf die Idee kommen, meine Haushälterin ohne Steuerkarte zu beschäftigen. Eine Gemeinschaft und ein Staat funktioniert nicht, wenn Steuereinnahmen ausbleiben, wenn nicht jeder seinen Teil beiträgt.

Was für Auswirkungen hat die Krise bisher gehabt?

Für mich war das vergangene Jahr eine Lernphase. Wir haben im Hinblick auf die steigenden Ölpreise im letzten Frühjahr die Reißleine gezogen. Wäre der Ölpreis so weiter gestiegen, hätten wir den Fortbestand unseres Unternehmens gefährdet, obwohl wir eine der Airlines mit dem besten Hedging im Rohstoffbereich waren. Ich hätte mir nicht vorstellen können, dass ein vernünftiger Managementschritt das Wachstum auf bestimmten Strecken erstmal abbremst und man in der Öffentlichkeit sofort als krisengeschüttelt, gefährdet und dergleichen dargestellt wird. Das war eine harte Zeit, obwohl wir eigentlich alles richtig gemacht haben. Wir sind unseren Weg gegangen und hatten im dritten Quartal dann das zweitbeste Resultat aller Airlines. Insofern waren wir auch für die Wirtschaftskrise wesentlich besser gerüstet als manch anderer, da wir frühzeitig Vorsichtsmaßnahmen ergriffen haben.

Was sind aus Ihrer Sicht die zentralen Funktionen des Aufsichtsrates oder was sollten sie sein?
Wir haben ja eine andere Form, ohne Überunterordnungsverhältnis und mit einer gemeinschaftlichen Verantwortung zwischen Non Executive und Executive Directors. Wenn ich das deutsche System sehe, habe ich die größten Schwierigkeiten, auch in der Wertevorstellung. Hier verhindert die Mitbestimmung oft ein werteorientiertes Handeln. Ein Vorstand, der seinen Vertrag auflöst, ist immer auf die Arbeitnehmer angewiesen. Er muss sich entscheiden, kurzfristig seinen Fünf-Jahres-Vertrag zu retten oder eine Entscheidung zu treffen, die langfristig fürs Unternehmen gut ist. Beispiele gibt es genug. Von daher ist die Konstellation vom deutschen Arbeitsrecht mit der Entscheidungsstärke der Arbeitnehmerschaft durch die Mitbestimmung auf der einen und der Verantwortung der Manager auf der anderen Seite so ausgestaltet, dass auf beiden Seiten eine Kultur der Vorsicht gefördert wird und man sich auf den kleinsten Nenner reduziert.

Welche Werte braucht die deutsche Wirtschaft, um nachhaltig erfolgreich zu sein?
Ich glaube, das hängt sehr viel an den individuellen Managern, die sich eben in ihrer Loyalität gegenüber dem Unternehmen besser profilieren sollten und nicht so sehr an der eigenen Karriere und am eigenen Status. Es gibt aber auch viele beispielhafte Unternehmen, insbesondere Familienunternehmen im Mittelstand, die sich ihrer gesellschaftlichen Verantwortung, gerade auch in ihrer Region, sehr wohl bewusst sind. Es gibt viele Firmen, die ganze Regionen am Leben erhalten und verantwortungsvoll handeln. In der Presse dominieren leider zu häufig die großen, börsennotierten Unternehmen.

DIE RÜCKKEHR DER ANERKENNUNG VON LEISTUNG

Stefan Krause

Vorstand Finanzen Deutsche Bank AG

Welche Werte sind Ihnen persönlich wichtig und welche spielen in Ihrem Unternehmen eine zentrale Rolle?

Leistung, Vertrauen, Teamwork, Innovation, Kundenorientierung, Nachhaltigkeit.

Glauben Sie, dass im ethischen Sinne werteorientiert geführte Unternehmen auf lange Sicht wirtschaftlich erfolgreicher sind?

Unternehmen sind nicht von der Gesellschaft abgeschottet, sondern durchlässig. Auf lange Sicht ist eine Gesellschaft nur dann „wettbewerbsfähig", wenn die Durchlässigkeit zwischen ihren Organisationseinheiten gewährleistet ist, auch mit Blick auf ethische und moralische Standards. Unser Ziel muss es daher sein, die Werte unserer Gesellschaft weiterzuentwickeln. Damit legen wir auch einen wichtigen Baustein für den langfristigen Erfolg der Unternehmen in unserer Gesellschaft. Und ganz konkret: Ich denke, werteorientierte Unternehmen sind auch langfristig deshalb erfolgreicher, weil ihre Mitarbeiter ihrer Verantwortung gegenüber der Gesellschaft und damit auch dem Kunden bewusst sind und die Unternehmen in der Lage sind, die Bedürfnisse und Werte ihrer Kunden umfassender zu verstehen.

Wie stellen Sie sicher, dass die Werte, die sich Ihr Unternehmen auf die Fahnen geschrieben hat, gelebt werden und die Mitarbeiter sich mit diesen identifizieren?

Unseren Führungskräften kommt hierbei eine besondere Vorbildfunktion zu, die die Werte annehmen, leben und dem hohen ethisch moralischen Anspruch gerecht werden. Und in den allermeisten Fällen werden sie dieser Rolle auch gerecht. Zu unserer Unternehmenskultur gehört auch das Prinzip der „Null-Toleranz" wenn es um Verstöße gegen unseren Verhaltenskodex geht. Hier wird sofort und konsequent gehandelt, um eine Wiederholung zu verhindern.

Wie sind Sie in Ihrem Hause auf einen Renditewert von 25 Prozent gekommen?

Um langfristig erfolgreich zu sein, muss die Deutsche Bank auch langfristig profitabel sein, auch im Vergleich zum Kreis der internationalen Wettbewerber. Die Eigenkapitalrendite ist hierzu eine wichtige Steuerungsgröße, wenn auch nicht die einzige, die zu beachten ist und nach der wir unser Haus steuern. Unser Zielwert lag von der Größenordnung her in der Gruppe erfolgreicher internationaler Wettbewerber. Gerade bei diesem Thema gab es heftige Diskussionen in der Öffentlichkeit zum Teil auch deshalb, weil vielleicht nicht transparent genug war, was diese Größe eigentlich bedeutet und wie sie von der Größenordnung her einzuordnen ist. So betrugen beispielsweise die Eigenkapitalrenditen im Maschinenbau und in der Kunststoffindustrie vor Steuern im Jahr 2006 durchschnittlich rund 34 Prozent.

 Aber nochmals: Es kann sicher nicht die einzige Steuerungsgröße sein, wir müssen auch die eingegangenen Risiken beachten, um die langfristige Wertsteigerung sicherstellen zu können. Aber wenn wir uns keine ehrgeizigen Ziele gesetzt hätten, wäre die Deutsche Bank nicht so stark und unabhängig, wie sie jetzt ist. Und: Wir könnten unsere Kunden nicht mehr so gut unterstützen.

Steht dieses Ziel möglicherweise im Konflikt mit ethischen Werten, die Ihr Haus sich gesetzt hat?
Nein. Gewinnstreben und ethische Werte sind für mich per se überhaupt kein Widerspruch. Im Gegenteil. Das Streben nach Profit treibt den Wettbewerb, die Voraussetzung für wachsenden Wohlstand in der Gesellschaft. Und unsere Profitabilität sichert auch die Arbeitsplätze unserer Mitarbeiter und das Kapital unserer über 500.000 Aktionäre. Dieses Gewinnstreben muss aber in ein Rahmenwerk eingebettet sein, sowohl in das bereits erwähnte interne Regelwerk bezüglich unserer Werte als auch das des Gesetzgebers, das Fairness und Wettbewerb sicherstellen sollte.

Wie viel staatlicher Einfluss ist aus Ihrer Sicht sinnvoll? In welchen Bereichen sollte er aktuell größer oder geringer sein?
Auf die aktuelle Finanz- und Wirtschaftskrise haben die Regierungen und Zentralbanken weltweit mit Interventionen in einem noch nie da gewesenen Umfang reagiert. Diese umfangreichen Maßnahmen zur Stärkung der Weltwirtschaft, zur Vermeidung einer Systemkrise und zur

langfristigen Wiederherstellung des Vertrauens im Finanzsektor sind ausdrücklich zu begrüßen.

Zugleich bergen Hilfsmaßnahmen wie Garantien und Kapitalspritzen für einzelne Banken in der Tat die Gefahr von Wettbewerbsverzerrung in sich, die es zu verhindern gilt: Im Interesse des Wettbewerbs, aber auch der Steuerzahler muss die staatliche Unterstützung für Banken (wo immer möglich) marktgerecht bepreist und verzinst werden. Keinesfalls dürfen staatliche Mittel für ein Preisdumping oder den „Kauf" von Marktanteilen durch die gestützten Institute verwendet werden. Alle Stützungsmaßnahmen – und ebenso die künftigen Regulierungsbemühungen für den Finanzsektor – müssen international eng koordiniert werden, um ein „level playing field" im internationalen Finanzmarkt sicherzustellen.

Welche Werte braucht die deutsche Wirtschaft aus Ihrer Sicht, um zum einen nachhaltig wirtschaftlich erfolgreich zu sein und zum anderen auch eine positive Kultur zu schaffen und zu fördern?

Wir dürfen in der aktuellen Situation in keinen Aktionismus verfallen. Wir brauchen grundsätzlich keine neuen Werte. Wenn ich einen nennen kann, dann ist es die Rückkehr der Anerkennung von Leistung. Wir sollten Leistungsträger in unserer Gesellschaft nicht primär beneiden, kritisieren und öffentlich verdammen. Durch eine Rückkehr zur Anerkennung individueller Leistung kehren wir zu internationaler Wettbewerbsfähigkeit zurück. Was wir zusätzlich brauchen, ist ein den Erfordernissen unserer Zeit angepasster Ordnungsrahmen, innerhalb dem sich die einzelnen Akteure unserer Gesellschaft bewegen können. Ich benutze hierzu immer gerne die Analogie zum Straßenverkehr. Bessere Fahrer bekommt man nicht durch das Aufstellen von mehr Verkehrsschildern, sondern durch ein Bewusstsein für das Einhalten von Grundregeln. Mehr Verkehrsschilder verlangsamen nur den Verkehr.

OHNE FLEISS KEINEN PREIS

Dr. Joachim Ott
CEO der Bilfinger Berger Facility Services GmbH

Welche Werte sind Ihnen persönlich wichtig und welche spielen für Sie im Umgang mit Ihren Mitarbeitern eine Rolle?
Für mich stehen Menschen im Privaten wie im Beruflichen stets im Mittelpunkt meines Handelns. Die Werte, die mir persönlich wichtig sind, sind auch die, die im Umgang mit meinen Mitarbeitern an oberster Stelle stehen. Insbesondere spreche ich dabei von Offenheit, Integrität und Kritikfähigkeit. An mich selbst stelle ich den Anspruch, diese Werte Tag für Tag zu leben, und erwarte von meinen Mitarbeitern, dass sie dasselbe tun.

Ich bin davon überzeugt, dass man sehr schnell unglaubwürdig wird, wenn man im persönlichen Leben mit anderen Umgangsformen und Überzeugungen auf Menschen zugeht als im beruflichen, und ohne glaubwürdig zu sein, kann man Mitarbeiter nicht erfolgreich führen und motivieren. Insbesondere im Dienstleistungsgeschäft sind die Mitarbeiter ganz unmittelbar mit unserer Marktleistung verbunden. Wenn unsere Mitarbeiter also nicht mit hohem Eigeninteresse stets motiviert sind, ihr Bestes zu geben, kann auch unser Produkt niemals das Beste sein. Da wir aber den Anspruch haben, auch im Sinne unserer gesellschaftlichen Verantwortung, unseren Kunden immer die beste Dienstleistung zu bieten, müssen unsere Mitarbeiter ebenso denken. Glaubwürdige Führung ist meiner Meinung nach Grundvoraussetzung, um das zu erreichen.

Würden Sie sagen, dass ein Wertewandel im Zusammenhang des Generationswechsels besteht?
Ich glaube nicht, dass es einen tiefgreifenden Wertewandel gibt, wenn man die heutige junge mit der älteren Generation vergleicht. Ich glaube aber, dass die Art und Weise, wie Werte im täglichen Leben gelebt werden, einem Wandel unterworfen ist. Durch das Entstehen einer virtuellen Realität sind viele Umgangsformen im täglichen Leben zu einem gewissen Grad verlorengegangen.

Zum einen liegt das daran, dass Freundschaften nicht mehr real gepflegt werden, sondern virtuell und der tägliche Umgang mit der realen Person nur noch eingeschränkt stattfindet, zum anderen an der Beschleunigung des Alltags und dem Mangel an Zeit, der damit verbunden ist. Ich denke da an Kommunikation per Mail genauso wie an Netzwerke im Internet zum Austausch von persönlichen und beruflichen Beziehungen. Höflichkeit, Geduld, Rücksicht sind oftmals die ersten Dinge, die dem Zeitdruck zum Opfer fallen oder sich aber virtuell ganz einfach nicht so leben lassen, wie das im persönlichen Umgang möglich ist. Ich denke also nicht, dass sich die Grundwerte unserer Gesellschaft prinzipiell geändert haben, aber sie werden oft nicht oder anders gelebt als früher.

Wie stellen Sie sicher, dass die Werte, die sich Ihr Unternehmen auf die Fahnen geschrieben hat, gelebt werden und die Mitarbeiter sich mit diesen identifizieren?
Durch glaubwürdige Führung. Dadurch, dass wir an das, was wir tun, glauben und das auch im Tagesgeschäft vorleben. Die Qualität und alle anderen wichtigen Eigenschaften unserer Produkte werden durch unsere Mitarbeiter verkörpert und durch sie zu unseren Kunden getragen. Wenn ich als Führungskraft nicht an das glaube, was ich tue, werden es meine Mitarbeiter auch nicht tun, und unser Produkt verschwindet letztlich. Gewiss gibt es Dinge, die ich standardisieren und vorgeben kann, aber die Gesamtheit von dem, was wir tun, lebt dadurch, dass jeder auch daran glaubt, dass das, was er tut, das Richtige ist. Das gilt für mich als CEO genauso wie für alle anderen Führungskräfte und jeden einzelnen Mitarbeiter im Unternehmen.

Welche wesentlichen Unterschiede haben Sie im Rahmen Ihrer beruflichen Schritte in Bezug auf die unterschiedlichen Unternehmenskulturen erlebt und welche positiven Aspekte würden Sie aus diesen in eine ideale Kultur einbringen?
Ich denke, der wesentliche Unterschied hat in dem Ausmaß, in dem eine Unternehmenskultur gelebt wurde, bestanden. Ich denke, dass es grundsätzlich nicht so etwas wie eine schlechte oder gute Unternehmenskultur gibt. Je nach Produkt und Markt, in dem ich tätig bin, je nach Größe des Unternehmens und letztlich auch je nach dem, welchen Unternehmensbereich ich betrachte, sind manche Werte und Aspekte einer Kultur besonders wichtig und

andere treten eher in den Hintergrund. Die Frage ist letztlich: Leben meine Mitarbeiter diese Kultur auch tatsächlich in ihrer täglichen Arbeit? Wenn es also überhaupt so etwas wie eine ideale Kultur gibt, dann ist es eine, die natürlich gewachsen ist und somit zum Unternehmen passt und von jedem einzelnen Mitarbeiter, natürlich auch allen Führungskräften, getragen und gelebt wird.

Was hat aus Ihrer Sicht zu der aktuellen Wirtschaftskrise geführt und was hätte man anders machen können oder müssen?
Kurzsichtigkeit und der dadurch entstandene Glaube an die wundersame Geldvermehrung. Es gibt doch ein sehr einfaches Sprichwort: Ohne Fleiß keinen Preis.

Wie definieren Sie unternehmerischen Erfolg?
Unternehmerischer Erfolg bedeutet für mich zunächst einmal nachhaltiges Wachstum von Umsatz und Gewinn durch motivierte und eigenständige Mitarbeiter in einer entwicklungsfreudigen Organisation. Das mag einfach und selbstverständlich klingen, scheint es oftmals aber nicht zu sein. Für mich bedeutet es, dass ich die Verantwortung habe, mein Unternehmen zu vergrößern, mit meinen Kunden dorthin zu gehen, wo sie mich brauchen, und gleichzeitig aber nicht um jeden Preis jedem Umsatz hinterherzulaufen. Ich glaube daran, dass man eine Balance finden muss zwischen zu langsamer und zu schneller Weiterentwicklung. Ich darf nicht stehenbleiben und die Welt an mir vorbeiziehen lassen, ich darf meinen Ressourcen, insbesondere meinen Mitarbeitern, aber auch

nicht die Zeit nehmen, die sie brauchen, um sich weiterzuentwickeln.

Unternehmerischer Erfolg ist somit kein Zustand, sondern ein ständiges Abwiegen zwischen zu viel und zu wenig. Es ist ein kontinuierlicher Prozess, und die Aufgabe der Unternehmensleitung muss darin bestehen, diesen Prozess zu führen, zu begleiten und gegenzusteuern, wenn er dazu tendiert, sich in das eine oder andere Extrem zu bewegen.

Welche Werte braucht die deutsche Wirtschaft aus Ihrer Sicht, um zum einen nachhaltig wirtschaftlich erfolgreich zu sein und zum anderen auch eine positive Kultur zu schaffen und zu fördern?
Nachhaltiger, wirtschaftlicher Erfolg steht in keinem Gegensatz zu einer positiven Kultur, im Gegenteil, das eine bedingt vielmehr das andere. Eigenverantwortliches Handeln der Gesellschaft als Ganzes und jedes Einzelnen im Speziellen ist Voraussetzung sowohl eines respektvollen und gemeinschaftlichen Miteinanders als auch wirtschaftlichen Erfolgs. Nur wenn jeder für sein Handeln und vor allem für die Ergebnisse seines Handelns die Verantwortung übernimmt und sie weder an den Staat, noch an das Unternehmen oder an irgendjemand anderen delegiert, können wir erfolgreich sein und dabei einen positiven und verständnisvollen Umgang miteinander sicherstellen.

Insofern bin ich grundsätzlich immer skeptisch, wenn allgemeine Regelungen die Mündigkeit des Einzelnen beschränken und ihm die Verantwortung für sein Tun und Handeln abnehmen.

WIR BRAUCHEN EINE FUNDAMENTALE WERTEDISKUSSION IM BANKING

Dr. Theodor Weimer
Sprecher des Vorstands der HypoVereinsbank

Welche Rolle kann eine Bank für die Gesellschaft neben der Erfüllung des betriebswirtschaftlichen Zwecks spielen?
Der betriebswirtschaftliche Zweck ist das Pflichtprogramm. Banken müssen aber auch eine Kür liefern. Nur dann sind wir ein wesentlicher, wertgeschätzter Teil der Gesellschaft und kommen auch wohlfahrtsökonomisch zur vollen Entfaltung. Vergessen wir nie: Es gibt keine wohlhabende Nation ohne ein gutes und hochangesehenes Banking. Das gilt auch in der Innensicht: Ein Unternehmen ist mehr als eine Ansammlung zufällig zusammengekommener Menschen. Ich sehe unsere Gemeinschaft als „Working Family" an – wir wollen mehr sein als beim gleichen Arbeitgeber angestellte Mitarbeiter. Aber es steht außer Frage, dass wir Unternehmer uns wieder mehr Gedanken darüber machen müssen, wie wir uns in der Gesellschaft verankern und welche Werte wir leben wollen.

Spricht hier das gebrannte Kind?
In gewisser Weise ja. Ich glaube, wir Banken haben uns zu sehr auf Shareholder Value und die Maximierung kurzfristiger Gewinne konzentriert. Wir haben uns zu wenig Gedanken darüber gemacht, welche Beiträge wir zum großen Ganzen leisten sollten. Die Quittung dafür haben wir bekommen: Die Reputation unseres Berufsstandes hat

 schwer gelitten. Wir stehen in der Prestigeskala weit unten.

Was wollen Sie dagegen tun?

Es fängt in unseren Köpfen an. Die Führungen der Banken müssen Klarheit darüber gewinnen, wohin sie wollen. Sie haben die Aufgabe, ein Wertegerüst zu entwickeln, das anschließend in der gesamten Organisation eingezogen und gelebt wird. Wir müssen von unseren Kunden wieder als verlässliche und vertrauenswürdige Partner wahrgenommen werden. Wir müssen Loyalität leben, sie also geben und fordern. Wir müssen mehr auf Nachhaltigkeit setzen, uns unserer besonderen Rolle im gesamtwirtschaftlichen und gesellschaftlichen System wieder bewusster werden. Wir haben schmerzhaft erlebt, wie ein recht freizügiges Finanzsystem die Wohlfahrt der Menschen zwar lange enorm befördern, aber eben auch gefährden kann. Wir dürfen nicht annehmen, dass wir nach der Krise einfach so weitermachen können, wie es vor der Krise war. Das ist nicht verantwortlich.

Also die Gier rausnehmen aus dem System?

Nur um das klarzustellen: Ich halte nichts vom sogenannten Banker-Bashing und einer einseitigen und noch dazu zumindest teilweise falschen Ursachenfixierung. Man sollte das nicht übertreiben, auch wenn die Gesellschaft bis zu einem gewissen Grad ihre Sündenböcke braucht. Gier ist ein menschlicher Wesenszug, mit dem wir leider immer werden leben müssen. Sie finden ihn im Übrigen auf beiden Seiten, bei den Bankern und den Kunden. Es gab natürlich beim einen oder anderen von uns das Renditestreben jener, die immer mehr Geld machen wollten, immer innovativere und riskantere Transaktionen tätigten und sich an immer größeren Erfolgen berauschten. Es gab nicht den „Tanz um das Goldene Kalb" – es gab, seien wir doch ehrlich, vielmehr die Sorge, beim Tanz um das Goldene Kalb nicht dabei zu sein. Aber auf der Anlegerseite war es nicht anders. Kaum jemand wollte sich mit 2 Prozent als sicher erzielbarer Nachsteuerrendite zufriedengeben. Nein, 6 oder 8 Prozent sollten es bitte sein. Das Zauberwort war auch bei Anlegern: Alpha-Generation, auch wenn die meisten nicht verstanden haben, was das ist. So sind die Kunden zu den Banken gekommen – ohne daran zu denken, dass eine höhere Rendite auch immer für ein höheres Risiko steht. Natürlich ist es unsere Aufgabe, hier aufzuklären und entgegenzuwirken und zu dokumentieren, dass wir dies geleistet haben. Auf Seiten der Bank heißt das, dass wir mehr darauf achten sollten, Nachhaltigkeit für uns und für unsere Kunden zu befördern.

Und dann kommen Kunden und klagen, die Bank habe ihnen wieder Verlustpapiere angedreht …
Ja, das ist leider so. Wir müssen manchmal den Kopf für Dinge hinhalten, für die wir nicht verantwortlich sind.

Was haben Sie aus den Entwicklungen der jüngeren Vergangenheit an Lehren für das Thema Werte gezogen?
Ich glaube, eine Bank muss sich wesentlich stärker in den Köpfen der Menschen positionieren, in den Köpfen der

Mitarbeiter und der Kunden. Hier gibt es noch viel zu tun – schließlich hat die Bank kein emotionales Produkt. Wer ein schönes Auto aus seinem Montagewerk zum Gegenstand von Identifikation, Hoffnungen und Träumen machen kann, hat es leichter. Wir können nicht auf diese Art von Emotionen zurückgreifen – gerade deshalb gibt es hier ein großes Handlungsfeld.

Die Banken haben an dieser Stelle Nachholbedarf – wir müssen uns mehr Gedanken über „Emotional Branding" machen. Unser Verhalten in der Vergangenheit hatte zu wenig Prägekraft. Mit guten Zahlen und vermeintlicher Perfektion in der Abwicklung allein ist das nicht zu schaffen. Sie geben weder dem Mitarbeiter ein berufliches Zuhause noch dem Kunden einen überlegenen Nutzen.

Gerade in diesen Punkten war ja in der Vergangenheit einiges schiefgelaufen. Wo orten Sie die Gründe für die Krise?
Es waren ganz klar die drei L's: exzessive Liquidität, exzessives Lending und exzessiver Leverage. Das waren die fundamentalen Ursachen der Krise. Subprime war nur der Auslöser, der all das mit ungeheurer Vernichtungskraft an die Oberfläche gebracht hat.

Hätte denn in der Folge der Krise seitens der Regierungen so eingegriffen werden müssen, wie sie es getan haben?
Die Regierungen sind durch ihr beherztes Eingreifen die großen Gewinner der Krise. Sie haben sich als diejenigen positioniert, die entscheidend zur Rettung beigetragen

haben. Um es klar zu sagen: Ich begrüße es ausdrücklich, dass die öffentliche Hand schnell und konsequent gehandelt hat. Der staatliche Rettungsschirm war zur Stabilisierung der Lage und zur Schaffung von Vertrauen unverzichtbar. Ohne staatliche Intervention und Stimulation wäre diese Krise nicht beherrschbar gewesen. Wir erkennen aber auch die Widersprüche zur Sichtweise der volkswirtschaftlichen Theorie.

Rein marktwirtschaftlich gesehen hätte man das eine oder andere deutsche Institut in den Bankrott gehen lassen können. Das ist das normale Korrektiv bei unternehmerischen Fehlleistungen. Ein Markt, der diese Funktion nicht hat, ist kein Markt. Bereinigung ist ein natürlicher und gewollter Vorgang, ohne den wirtschaftlicher Fortschritt nicht möglich gewesen wäre. Diese Sichtweise muss freilich im Falle der Banken ergänzt werden. Beim Konkurs einer Bank wäre der Nutzen ungleich kleiner gewesen als die anschließend auftretenden Systemkosten durch den allgemeinen Vertrauenskollaps, den das zwangsläufig nach sich gezogen hätte. Insofern waren die Interventionen richtig.

Werden die sich fortsetzen?

Diese Frage lenkt auf einen wichtigen Punkt: Die politische Ökonomie erhält jetzt natürlich Zuspruch wie lange nicht mehr. Endlich gibt es wieder einen starken, gestaltenden Staat, lautet die in vielen Kreisen verbreitete Einstellung.

Ist das aus Ihrer Sicht der richtige Weg?

Nein, wir bekommen so eine Verzerrung im Markt, die nicht mehr auf Unterschieden in den Wettbewerbs- oder Kostenpositionen beruht. Durch die staatlichen Interventionen in Form von Subventionen gibt es jetzt Unternehmen, die sich günstiger refinanzieren können und sich als sicherer Hort darstellen können. Das verleiht natürlich all jenen einen Startnachteil, die die staatliche Förderung nicht in Anspruch nehmen oder nehmen müssen. Das ist aus Gründen der Wettbewerbsgleichheit nicht auf Dauer tragbar. Der Staat sollte nicht eingreifen, indem er die Startchancen einer Gruppe von Unternehmen mit seinen Mitteln verbessert und damit eine andere Gruppe, nämlich jene der Nicht-Empfänger von Staatsgeld, automatisch schwächt. Das ist aus meiner Sicht wettbewerbsverzerrend und sollte wieder angepasst werden.

WIRTSCHAFT VON MENSCHEN FÜR MENSCHEN

Dr. Annette Winkler
Vice President der Daimler AG

Was zeichnet für Sie ein wertvolles Unternehmen aus?
Zunächst einmal ist ein Unternehmen natürlich dann wertvoll, wenn es wirtschaftlich erfolgreich arbeitet. Aber ist nicht ein Unternehmen, das zufriedene Kunden und Mitarbeiter hat, auch „Wert-voller" als eines, das hierauf keinen „Wert" legt? Ich meine, dass ein Unternehmen das Wohl aller der mit ihm verbundenen Menschen im Auge behalten muss und in diesem Sinne Wertoptimierung für alle seine „Partner", insbesondere auch der Gesellschaft als Ganzes, betreiben muss.

Das Ansehen eines Unternehmens in der Gesellschaft ist also ebenso wichtig wie der Gewinn?
Unter der Voraussetzung, dass es nicht in erster Linie um Ansehen im Sinne von „oberflächlicher PR" geht. Entscheidend ist, welche Identität ein Unternehmen hat, wofür ein Unternehmen steht. Diese „Identität mit dem Unternehmen" ist so besonders wichtig, weil eine Firma ja kein anonymes Gebilde, sondern ein Organismus ist, geschaffen von den Menschen, die darin arbeiten. Wenn man die Frage beantworten will, wofür ein Unternehmen steht, geht es also letztendlich darum, wofür dessen Mitarbeiter stehen, und um die Haltung der Menschen. Genau hier kommt das Thema Werte ins Spiel. Ich denke, darüber, ob ein Unter-

nehmen „exzellent“ ist, entscheiden die Werte, die von den Mitarbeitern als „gemeinsame Haltung“ gelebt werden.

Welche Werte sind das?
Wir haben uns bei Daimler auf vier Werte verständigt: Begeisterung, Disziplin, Wertschätzung und Integrität. Auf den ersten Blick mag sich dies nach „Sonntagsrede“ anhören. Ich meine aber, dass genau diese vier Begriffe sehr gut – auf sehr einfache und verständliche Weise – auf den Punkt bringen, welche Regeln des Zusammenwirkens sich jeder Mensch in einer Gemeinschaft wünscht. Ob in der Familie, in der Schule, im Sportclub oder eben auch im Unternehmen. Es ist wichtig, solche Leitbilder explizit zu formulieren, damit sie eine Haltung beschreiben, die für alle Beteiligten die Richtschnur für die Regeln des Miteinanders im Alltag sein können.

Beeinflussen diese Werte in Ihrem Haus wirklich die täglichen Entscheidungen?
Das ist Sinn und Zweck. Aber natürlich ist die Umsetzung in einem internationalen Konzern wegen der Unterschiedlichkeit der handelnden Personen und ihrer jeweiligen Führungssituation eine große Herausforderung: Die Präsenz des Chefs und sein sichtbares Vorbild sind eben ausschlaggebend für die Glaubwürdigkeit. Dieses in einer Einheit zu leben, in der ich weitestgehend alle Mitarbeiter an einem Ort habe, oder in einem Bereich mit vielen tausend Mitarbeitern, die auf der ganzen Welt verteilt sind, macht eine völlig andere Herangehensweise nötig. Umso wichtiger

sind das Commitment und das ehrliche authentische Engagement aller Führungskräfte in einem Unternehmen. Nur so können Werte wirklich überzeugend und begeisternd gelebt werden.

Glauben Sie, dass alle Generationen Ihre Daimler-Werte teilen?
Interessant, dass Sie das ansprechen. Um uns auf die künftigen Herausforderungen im Automobilvertrieb besser einstellen zu können, haben wir uns gerade die Entwicklung der Werte über die vergangenen Jahrzehnte hinweg angesehen: Beginnen wir mit den 50er und 60er Jahren, in denen – ich spitze zu – Selbstkontrolle noch ein hohes Gut war. In dieser Zeit gab es noch viele soziale Normen. Viele Verund Gebote. Die Menschen strebten danach, ihren Lebensstandard zu erhöhen. Ab dem Ende der 60er und in der Folge in den 70ern und 80ern kam dann der Bruch. Selbstverwirklichung wurde großgeschrieben, sogenannte postmaterielle Werte gewannen an Bedeutung. Diese Entwicklung setzte sich in den 90ern gewissermaßen fort. Das Denken in diesem Jahrzehnt wurde noch ein bisschen unverbindlicher, noch ich-bezogener. Ich denke, der Hedonismus dieser Dekade hat letztendlich auch den Boden für die spätere weltweite Krise bereitet, die uns aktuell so sehr gefährdet. Der Finanz-Crash war auch ein Werte-Crash, verbunden mit Maßlosigkeit und Haltungslosigkeit. Ich hoffe und glaube, dass die Chance der Rückbesinnung sehr groß ist und – damit noch mal zu Ihrer Frage – ja, eine große Mehrheit sich die Orientierung der Unternehmensführung an unsere Werte wünscht.

In der Wirtschaft brauchen wir die Selbstbeschränkung auf verträgliches, gesundes Wachstum. In der Gesellschaft, beginnend in Familie, Partnerschaft und Freundschaft, wird der Gemeinsinn wieder wichtiger, ohne dass dieser Werte-„Turnaround" bedeuten muss, dass es nun komplett zu den Maßstäben der Wirtschaftswunderzeit zurückgeht. Das rein Materielle wird weiter an Bedeutung verlieren. Das zeigt sich auch im Unternehmensalltag. Ich denke da zum Beispiel an das zunehmende Streben der Menschen nach Work-Life-Balance, nach einem Gleichgewicht zwischen Arbeit und Freizeit. Wenn vor zehn Jahren ein junger Mann in mein Büro gekommen wäre und gesagt hätte, dass er jetzt zur Kinderpflege eine dreimonatige Auszeit nimmt, hätte ich wahrscheinlich gesagt: „Ich dachte, Sie wollen Karriere machen?" Heute ist das völlig akzeptiert – und zu Recht.

Glauben Sie, dass die Gesellschaft nach der Krise wieder enger zusammenrückt?

Ja, das hoffe und glaube ich. Durch die Krise ist der Wunsch nach einer gemeinsamen Basis einfach größer geworden. Solidarität steht wieder hoch im Kurs, die Menschen wollen weniger Ich und mehr Wir, das bestätigt auch unsere Befragung. Mich persönlich haben diese Ergebnisse außerordentlich gefreut. Ich denke, es tut der Gesellschaft gut, wenn sich die allgemeine Werteskala wieder ein bisschen in Richtung „Normalität", „Lebensqualität" in den Werten, die man nicht kaufen kann, verschiebt; mit weniger Regeln und mehr „Benehmen" statt nur „Nehmen". Regeln alleine werden die Wirtschaft aus ihrer jetzigen Lage nicht befreien. Mehr Regeln bedeuten nämlich nur, dass mehr Menschen nach mehr Schlupflöchern suchen. Nein, was die Wirtschaft wirklich braucht, ist das gemeinsame Commitment, ein gemeinsames Vorbild, nämlich den berühmten guten alten Kaufmann, der einfach Anstand hat. Insofern glaube ich, dass der Wert Integrität auf unserer Liste außerordentlich wichtig ist.

Lässt sich Wertschätzung glaubwürdig vertreten, wenn gleichzeitig Mitarbeiter entlassen werden?

Das ist ein schwieriges Thema und in der Tat eine große Herausforderung. Werte zu vertreten bedeutet aber nun einmal nicht automatisch, immer nur gute Nachrichten zu verbreiten. Im Gegenteil: Gerade in schwierigen Zeiten kommt es auf die Werte an, auf das Wie des Handelns. Wie teile ich den Mitarbeitern mit, dass ihre Gehälter gekürzt werden? Versende ich eine E-Mail, lasse ich meine Stellvertreter vor die Mannschaft treten oder halte ich selbst meinen Kopf hin? Je unsicherer und schwieriger die Zeiten, desto mehr Zeit sollte eine Führungskraft mit ihrem Team verbringen, schwierige Entscheidungen erklären und Orientierung geben. Ich halte das für extrem wichtig, um zumindest Ängste zu nehmen und deutliche Botschaften zu vermitteln, auch wenn diese nicht nur populär oder gar für den Einzelnen negativ sind. Dieses „Optimum für das Gesamte" statt „Maximierung der einzelnen Interessen" macht ja unsere Führungsaufgabe so schwierig. Das beste

 Führungsinstrument ist hier der permanente Dialog mit allen Betroffenen.

Wie würden Sie unternehmerischen Erfolg definieren?
Erfolg ist ja immer nur teilweise messbar. Quantifizierbar sind die Zahlen, die Zufriedenheit der Kunden, der Mitarbeiter, der Händler. Doch Erfolg geht darüber hinaus, er hat auch einen Teil, der nur „fühlbar" ist. Um ihn zu ermitteln, frage ich mich immer, was Partner unseres Unternehmens, was die Gesellschaft über uns denkt, und mache dann gerne ein Gedankenexperiment: Ich stelle mir vor, die Partner unseres Unternehmens wären im Sitzungsraum mit dabei. Alle könnten zuschauen, was in der Geschäftsleitungssitzung passiert: die Mitarbeiter, unsere Händler, unsere Kunden oder auch ganz andere Gruppen unserer Gesellschaft. Meiner Meinung nach wäre es ein Erfolg, wenn Stil, Art und Glaubwürdigkeit anerkannt würden, selbst wenn man in Einzelinhalten eine andere Meinung haben mag.

Gerade die Kunden von Mercedes-Benz fanden den Stil und die Art, wie sie behandelt wurden, aber nicht immer in Ordnung …
Genau deshalb haben wir vor drei Jahren eine große Offensive gestartet, um die Kundenzufriedenheit wieder zu erhöhen. Wobei unser oberster Chef, aber auch der gesamte Vorstand sich von Anfang an für das Thema begeisterten und es unterstützten. Das war erfolgsentscheidend, denn solche Veränderungsprozesse müssen Chefsache sein. Andererseits war es aber vor allem auch wichtig, die gesamte Organisation mitzunehmen, unsere Landesgesellschaften und die

Händler vor Ort. Und natürlich war auch ein Budget vorhanden und ein Teil unserer Händlermarge wird für die Qualität der Kundenbetreuung bezahlt.

Das klingt so, als ließe sich die Zufriedenheit der Kunden quasi per Knopfdruck erhöhen, wenn nur das Budget stimmt.
So einfach ist es nicht. Dennoch müssen auch für Werte wie Kundenzufriedenheit einheitliche, objektive Messmethoden und gewisse Standards in der Steuerung gelten. Wir haben herausgefunden, dass es etwa fünf Stellhebel im Vertrieb und ebenso viele Stellhebel im Service gibt, über die wir 80 bis 90 Prozent der Kundenzufriedenheit beeinflussen können, wie beispielsweise die Organisation der Probefahrt oder die Gestaltung der Fahrzeugauslieferung. Wenn man hier Verbesserungen erzielen will, dann geht das nur über eine Kombination aus „harten" und „weichen" Maßnahmen. „Harte" Maßnahmen bedeutet: Wir optimieren die Prozesse und Abläufe. „Weiche" Maßnahmen dagegen betreffen das Verhalten der Mitarbeiter. Ohne deren Überzeugung und Begeisterung werden Sie die Zufriedenheit der Kunden nicht verlässlich sicherstellen können. Ein noch so freundlicher Mitarbeiter kann eine chaotische Organisation eben nur teilweise wettmachen, ein noch so perfekter Ablauf wird durch unfreundliches Verhalten der Menschen im Kundenkontakt ins Gegenteil verkehrt.

Hier waren große Kraftanstrengungen nötig, aber ich denke, und die aktuellen Befragungen zeigen dies, dass wir die Vertrauenskrise der Kunden überwunden haben. Nicht zuletzt, weil wir in der Zwischenzeit über 200.000 Menschen in unseren weltweiten Organisationen trainiert und gecoacht haben und unsere Händler Kundenorientierung kompetent und mit vollem Einsatz leben.

Und dann kam die Krise …

… die eben gerade zeigt, wie wichtig Werteorientierung für den ökonomischen Erfolg ist. Ich wünsche mir, dass wir aus der Krise lernen, uns stärker zu fokussieren, Unwichtiges abzuschütteln, Auswüchse zurückzustutzen und mit weniger auszukommen. Insofern könnten die letzten zwei Jahre wie ein Sieb gewirkt haben: Alles, was ein Unternehmen tat, musste da durch, wurde gefiltert, auf das Wesentliche reduziert. Viel überflüssiger Sand fiel durch, während die wertschaffenden „Goldkörner" – hoffentlich – übrig geblieben sind.

AM SCHLUSS MUSS SICH DIE BESTE LÖSUNG DURCHSETZEN

Dr. Axel Wieandt
Vorstandsvorsitzender der Hypo Real Estate Holding AG und Vorstandsvorsitzender der Deutsche Pfandbriefbank AG

Welche Rolle sehen Sie für sich als Unternehmen in der Gesellschaft?

In der aktuellen Konstellation hat die HRE eine besondere Bedeutung: Sie ist eine der Firmen, die zum Bild für die Finanzkrise in Deutschland geworden sind, und sie ist eine systemrelevante Bank. Deshalb ist die Stabilisierung und Neuausrichtung der Bank im Interesse der Finanzwirtschaft und der Gesellschaft. Wir wollen uns zukünftig auf das Immobilien- und Staatsfinanzierungsgeschäft in Deutschland und Europa konzentrieren. Mit der Versorgung von Wirtschaft, Kommunen und Staaten mit Krediten haben wir eine volkswirtschaftliche Funktion. Momentan steht daher das Herausarbeiten eines überlebensfähigen Kerns im Vordergrund, damit die Bank wieder einen Beitrag zur (Real-)Kreditversorgung leisten kann.

Welche Werte sind Ihnen persönlich wichtig und welche spielen in Ihrem Hause eine zentrale Rolle?

Kritikfähigkeit und Zuverlässigkeit sind sicherlich die Werte, die insbesondere in Krisensituationen gefordert sind. Dazu gehört auch ein gehöriges Maß an Flexibilität und innerer Gelassenheit, um die vielen unvorhersehbaren Situationen pragmatisch bewältigen zu können.

 Haben Mitarbeiter, Kunden und Ihr Umfeld ihre Erwartungen in Bezug auf Werte über die Zeit verändert?

Jede Generation und jedes Team muss seine Werte der Zusammenarbeit neu definieren, aber generell gilt und hat in jeder Generation gegolten, dass sich am Schluss das beste Denken und die beste Lösung durchsetzen muss. Wenn dies in den Unternehmen und Organisationen nicht der Fall ist, dann ist das auf Dauer schädlich. Zweifellos ist das Umfeld globaler geworden. Allerdings muss man sehen, dass gerade in der Finanzindustrie die Krise dazu führt, dass es hier aktuell eine gegenläufige Entwicklung gibt. Ich halte diese Entwicklung für bedenklich, weil viele Probleme nur global gelöst werden können. Informationsmöglichkeiten und -versorgung sind besser geworden. Das stellt aber höhere Anforderungen an den disziplinierten Umgang mit Informationen und Zeit. Man muss angesichts der Informationsmöglichkeiten und der Schnelllebigkeit der Dinge noch besser abschätzen können, was sehr wichtig, was wichtig und was nicht so wichtig ist.

Haben Sie Aktivitäten zu dem Thema Werte gestartet?

Für solche Themen hat man in der Krise sehr wenig Zeit. Hier spielt die Personalauswahl eine entscheidende Rolle. Wir haben ein ausgiebiges Assessment für unsere zweite Führungsebene durchgeführt und setzen auch bei der Besetzung der nachfolgenden Führungspositionen auf die von uns gesuchten und geschätzten Wertigkeiten – neben den fachlichen und intellektuellen Voraussetzungen, die natürlich immer eine Mindestanforderung darstellen.

Ich meine jetzt auch gar nicht unbedingt emotionale Werte wie Respekt oder Teamfähigkeit, sondern vielleicht harte Werte wie Leistung oder Flexibilität, die ja im Wesentlichen zu der Geschäftsentwicklung Ihres Hauses beitragen.

In bestimmten Dingen kann man nur mit einer Null-Toleranz-Politik Vertrauen gewinnen und behalten. Da Vertrauen sehr leicht zu verlieren ist, bedarf es in kritischen Situationen und Entscheidungen harter Vorgaben seitens des Managements, die keinen Spielraum für Abweichungen lassen. Ein klarer Leadership-Ansatz ist in unserer Situation der einzige Weg aus der Krise.

Wie hat sich Ihre Aufgabe durch die Verstaatlichung verändert?

Es gab einen Aktionärswechsel und den Rückzug vom Aktienmarkt. Vordergründig bedeutet das erst einmal weniger Publizitätspflichten. Allerdings trügt dieser Schein, weil umgekehrt natürlich auch das Interesse der Öffentlichkeit und des Steuerzahlers gegeben ist.

Was hat aus Ihrer Sicht zu der aktuellen Wirtschaftskrise geführt?

Im Nachhinein ist man immer klüger. Ich glaube, dass jetzt eine Vielzahl von Lösungsansätzen diskutiert und implementiert wird. Bei der Bewältigung der Krise sitzen die Banken, die Aufsicht und die Politik in einem Boot. Will man dieses Boot zielgerichtet nach vorne bewegen, dann sollten alle möglichst in eine Richtung rudern. Die Krise hat uns allerdings auch einiges gelehrt. Alle Änderungen müssen noch stärker auf das System als Ganzes ausgerichtet sein und insbesondere die Verflechtungen einzelner Institute mit anderen Instituten berücksichtigen, um eben systemische Krisen abwehren und bewältigen zu können.

Was für Auswirkungen hat die Krise bisher gehabt?
Das Risikobewusstsein ist gestiegen. Es gibt in der Historie der Finanzwirtschaft viele Beispiele für Übertreibung. Das fing an mit der Tulpenkrise in Amsterdam vor über 350 Jahren, und es wurden auch in den vergangenen Jahrzehnten mehrere Krisen durch Übertreibungen ausgelöst. Insofern gehört das Auf und Ab der Märkte sicherlich zur Wirtschaft. Es muss nur gelingen, diese Krisen so einzudämmen, dass man politische Verwerfungen vermeidet, die unsere soziale Marktwirtschaft und die vorhandene Grundordnung in Frage stellen.

Mit welchen Maßnahmen konnten Sie nach einer Vertrauenskrise Vertrauen wiederherstellen?
Transparenz und Kommunikation sind wesentliche Aspekte. Man muss Rede und Antwort stehen. Insbesondere in einer Situation, in der Vertrauen wiederhergestellt werden soll, ist es wichtig, dass man das Team persönlich in den Dialog der Weiterentwicklung des Unternehmens einbindet.

Wie viel staatlicher Einfluss ist aus Ihrer Sicht sinnvoll und in welchen Bereichen sollte er aktuell größer oder geringer sein?
Das ist am Schluss eine politische Frage, die man für den Einzelfall beantworten muss. Ich persönlich meine, so

wenig Staat wie möglich, so viel Staat wie nötig. Ich glaube, man darf das Eingreifen des Staates zumindest im Finanzsektor nicht missverstehen. Eine generelle Ausweitung des staatlichen Einflusses ist in meiner Wahrnehmung nicht beabsichtigt. Der Staat greift ein, um den Finanzmarkt zu stabilisieren und insbesondere systemrelevante Unternehmen zu unterstützen, aber sollte nicht selbst auf Dauer zum Banker werden.

PRIVATE UNTERNEHMEN

JEDER MUSS VERANTWORTUNG ÜBERNEHMEN

Friedrich Bohl
Vorsitzender des Aufsichtsrates der
Deutsche Vermögensberatung AG

Von welchen Grundsätzen lassen Sie sich bei Ihrer Führungsarbeit leiten?

Als Finanzvertrieb haben wir von Natur aus ein ganz anderes Verhältnis zu unseren Mitarbeitern als zum Beispiel ein produzierender Betrieb zu seinen Angestellten. Wir sind keine Fabrik. Bei uns gibt es kein Fließband, keine genormten Handgriffe. Unsere Wertschöpfung entsteht aus einem Verbund von selbständigen Beratern: Mechanismen wie Befehl und Gehorsam greifen in unserer Organisation nicht. Wir haben auch keine „Kommandokette". Wir können und wollen unseren Vermögensberatern nicht vorschreiben, wann sie im Büro zu sein haben oder wie viele Verträge sie im Monat abschließen müssen – Erfolge hat man hier nur, wenn die Führungskräfte bei den eigenverantwortlichen Handelsvertretern als Autorität anerkannt sind und verstanden werden. Diese Vorbildfunktion spielt in unserer Unternehmensphilosophie eine entscheidende Rolle.

Wenn Sie von Vorbild sprechen: Welche Werte sollten Ihrer Meinung nach das Geschäftsleben leiten?

Der wichtigste Wer ist sicherlich: Vertrauen. Wer seinen Geschäftspartnern und Mitarbeitern nicht vertraut, hat auf Sand gebaut. Doch Vertrauen entsteht nicht auf Knopfdruck

– hier spielt wieder das Thema Vorbild eine Rolle. Nur wenn der Manager selbst zeigt, dass er anderen vertraut, werden ihm seine Mitarbeiter auch Vertrauen entgegenbringen. Der bekannte Management-Denker Reinhard K. Sprenger hat dazu vor Jahren ein Buch vorgelegt, das ich als Meilenstein ansehen würde. Die These seines Titels fasst das zusammen, was jedes Unternehmen braucht: „Vertrauen führt". Ich gebe ein Beispiel: Wenn meine Mitarbeiterin sagt, dass sie heute schon um 14 Uhr gehen muss, brauchen wir darüber keine weiteren Worte zu verlieren, denn ich weiß, dass sie dafür gute Gründe hat und zum Ausgleich am nächsten Tag unaufgefordert früher oder länger im Büro sein wird. So ein Verhältnis entsteht natürlich nicht über Nacht, sondern muss über lange Zeit entwickelt werden. Vertrauen bedeutet für mich, Mitabeitern Freiheit zu lassen. Jede gute Führungskraft weiß das. Menschen wachsen mit ihren Freiräumen. Wenn ich eine Aufgabe delegiere, brauche ich dem Mitarbeiter nicht haarklein zu erklären, wie er sie auszuführen hat oder ihm für jeden kleinen Schritt Anweisungen zu erteilen.

Welche Verschiebungen im Wertegerüst der Gesellschaft stellen Sie derzeit fest?
Die langfristige Bindungsfähigkeit der Menschen hat ganz klar abgenommen; das lässt sich an den Mitgliederzahlen der Sportvereine genauso ablesen wie an der Scheidungsrate. Auch im Kreis seiner Kollegen oder Bekannten kann das jeder beobachten: Freundschaften fürs Leben sind rar geworden. Die Frage ist: Was sind die Gründe dafür? Ich denke, was den meisten Menschen heute fehlt, ist die Erfahrung der Not,

die meine Generation zusammengeschweißt hat. Heute ist in vieler Hinsicht alles leichter. Das ist kein Vorwurf, nur eine objektive Beobachtung. Und wenn die langfristige Bindung an einen Kunden oder Arbeitnehmer abnimmt, rückt automatisch der kurzfristige Vorteil, der schnelle Profit, in den Vordergrund. Aber auch dieses Problem werden wir meistern.

Nun sind Ihre Mitarbeiter ja unabhängig. Wie stellen Sie unter diesen Bedingungen sicher, dass die Werte des Unternehmens gelebt werden?
Klar, garantieren können wir das letztendlich nicht. Alles, was wir tun können, ist ein Wertegerüst so gut es geht vorzuleben. Es wird immer Menschen geben, die wir nicht erreichen. Letztens zum Beispiel bekam einer unserer Mitarbeiter Probleme mit dem Strafgesetzbuch. In solchen Fällen gibt es nur eine Option: die Kündigung. Wenn wir uns nicht von ihm getrennt hätten, wären andere Mitarbeiter gegangen. Aber Sie können bei 37.000 Beratern nie ausschließen, dass jemand mal in die Kasse greift oder Hasch nimmt. Glücklicherweise haben wir eine Mannschaft mit einer Kultur, die darauf sensibel reagiert. Jede Kultur, auch die unsere, hat einen Kern. Um diesen herum gibt es selbststabilisierende und selbstregulierende Kräfte.

Glauben Sie, dass mit der materiellen Krise auch eine Krise der immateriellen Werte einherging?
Sicher. Obwohl die Krise ja strenggenommen vom US-Immobilienmarkt ausging, glaube ich, dass sie sich weltweit vor allem deshalb so stark verbreitet hat, weil viele Akteure

von Gier geleitet werden. Nehmen Sie zum Beispiel manche deutsche Landesbank. Sie verfügen nicht über genug eigene Kunden, um ihr Geschäftsmodell tragfähig zu halten. Also versuchen sie, zusätzliche Renditen durch riskante Geschäfte mit US-Hypotheken zu generieren – ein Irrweg, wie sich herausstellte. Doch man muss auch sagen, dass sich einige Kleinanleger von der Gier haben lenken lassen. Verstehen Sie mich nicht falsch: Ich befürworte, dass Anleger, die von Bankmitarbeitern einfach falsch beraten wurden, Gerechtigkeit erfahren. Aber die Verantwortung liegt auch beim Kunden. Natürlich ist es schön, 6 Prozent Zinsen auf sein Geld zu bekommen, doch bei solchen Zinssätzen muss jedem klar sein, dass darin ein Risikoaufschlag enthalten ist. Und wenn die Sache dann schiefgeht, sollte man auch zugeben, dass es ein Gewinnspiel war und man den Einsatz verspielt hat. Jeder muss seinen Teil der Verantwortung übernehmen.

Was wünschen Sie sich von der Politik?

Dass sie den Weg, den Deutschland jahrelang gegangen ist, weiter verfolgt – in welcher Konstellation in Berlin auch immer. Ich denke, eines ist mittlerweile klar: Ohne soziales Netz geht es nicht, und allein dem Shareholder-Value-Prinzip zu folgen, hat sich ebenfalls nicht bewährt. Mit anderen Worten: Die soziale Marktwirtschaft ist und bleibt unser Erfolgsrezept. Auch wenn das Pendel hier und da ein wenig zu sehr ausgeschlagen haben mag, so denke ich dennoch, dass unser nach dem Zweiten Weltkrieg in der Bundesrepublik eingeschlagene Weg, und damit unsere freiheitliche und soziale Wirtschaftsordnung, Deutschland wetterfest gemacht hat.

NUR WER SICH SELBST VERTRAUT, KANN AUCH ANDEREN VERTRAUEN

Detlef Braun

Geschäftsführer Messe Frankfurt

Welche Rolle sehen Sie für sich als Unternehmen in der Gesellschaft?

Unser Unternehmen hat sich seit jeher der Balance zwischen rein betriebswirtschaftlichem beziehungsweise finanziellem Denken und gesellschaftlichem Nutzen verschrieben. Einen Auftrag, den wir sehr wichtig nehmen. Dies beruht auch auf der langen Historie des Messewesens in Frankfurt, schließlich sind über 850 Jahre der über 1.200 jährigen Stadtgeschichte auch Messegeschichte. Heute sieht natürlich in Frankfurt vieles anders aus. Längst hat sich die Stätte der Kaiserkrönung als „Mainhattan" zur vielleicht amerikanischsten Metropole in Europa entwickelt, in der die Fäden des europäischen Finanz- und Dienstleistungsgeschäfts zusammenlaufen. Die Messe Frankfurt hatte einen nicht unerheblichen Einfluss auf diese erfolgreiche Entwicklung der Stadt. Und genauso wie die Stadt hat sich auch die Messe Frankfurt verändert. Es zeigen sich aber bis heute Kontinuitätslinien, die wir in unserem Geschäft hochhalten.

Gibt es Werte, die Sie aus Tradition und Überzeugung nie über Bord werfen würden?

Fairness und Gerechtigkeit. So gebietet es die Fairness im Umgang mit anderen Menschen, dass man für Fehler selber geradestehen muss und auch die Verantwortung übernimmt. Gerade im Unternehmen schafft dies zum einen eine „produktive Fehlerkultur“, zum anderen schafft es ein Klima des Vertrauens, das erfolgreiche Unternehmen meist auszeichnet. Um für Fairness und Gerechtigkeit einstehen zu können, bedarf es eines hohen Maßes an Selbstvertrauen. Und hier schließt sich der Bogen wieder zu einem anderen wesentlichen Wert – dem Vertrauen. Denn nur wer sich selbst vertraut, kann auch anderen vertrauen.

Haben Mitarbeiter und Kunden andere Erwartungen an die Werte Ihres Hauses als in der Vergangenheit?

Globalisierung, zunehmende Arbeitsteilung und Spezialisierung, wachsende Informationsflut, permanente Erreichbarkeit sind nur einige Veränderungen der vergangenen Jahre, die zunehmend Einfluss auf die Bedeutung unseres Wertesystems haben. So arbeiten wir heute nicht mehr – wie früher – von 8 bis 17 Uhr. Vielmehr ermöglicht die Technik es uns, flexibel bei Bedarf immer und überall arbeiten zu können. Dies bedeutet aber auch, dass unsere Mitarbeiter Vertrauen fordern, dass die Arbeiten fristgerecht und qualitativ hochwertig ausgeführt werden. Hier gibt es ganz deutlich ein Verschieben – weg von Kontrolle und hin zu Vertrauen.

Wie stellen Sie sicher, dass die Werte, die sich Ihr Unternehmen auf die Fahnen geschrieben hat, gelebt werden und die Mitarbeiter sich mit diesen identifizieren?

Indem ich – persönlich – Werte jeden Tag vorlebe und auch nach ihnen handele. Das Aufschreiben und Publizieren von

Werten, wie es mittlerweile in jedem Unternehmen üblich ist, reicht allein nicht aus. Es müssen reale Vorbilder vorhanden sein. Sogenannte „Lippenbekenntnisse“ schaden dem Unternehmen, da Enttäuschungen der Mitarbeiter Misstrauen bei ihnen weckt. Die Unternehmenskultur nimmt dauerhaft einen Schaden.

Welche Aktivitäten haben Sie in Ihrem Hause für Ihre Werte ins Leben gerufen?

Wir haben im Unternehmen in verschiedenen interdisziplinären Workshops unseren Anspruch an unser Verhalten erarbeitet, an dem wir uns auch messen lassen wollen. Daher wurden Verhaltensgrundsätze beziehungsweise Führungsgrundsätze entwickelt und allen Mitarbeitern zur Verfügung gestellt. Zusätzlich führen wir in regelmäßigen Abständen Befragungen unserer Mitarbeiter durch, mit denen wir uns ein Bild über die Zufriedenheit unserer Mitarbeiter mit dem Unternehmen machen können. Im Kulturbarometer werden in anonymen Interviews mit allen Mitarbeitern „weiche“ Faktoren und deren Veränderungen abgefragt. Für mich ist diese Abfrage vor allem auch ein frühzeitiger Indikator, der im Vergleich zu den üblichen finanziellen Hochrechnungen den Zustand des Unternehmens sehr genau beschreibt.

Mit welchen Maßnahmen konnten Sie nach einer Vertrauenskrise das Kundenvertrauen wieder herstellen?

Nur mit sehr, sehr harter Arbeit und Beharrlichkeit. Dabei ist es wichtig, den Kommunikationsstrang zum Kunden nie abreißen zu lassen. Es ist mindestens dreimal so schwer, verlorenes Vertrauen zurückzugewinnen, wie Vertrauen neu zu gewinnen. Unser Bestreben ist es daher, das in uns gesetzte Vertrauen nicht zu enttäuschen.

Wie erleben Sie derzeit die Krise und wie geht Ihr Haus mit dieser um?

Mit dem Begriff „Unsicherheit" lässt sich die Krise am besten umschreiben. Niemand kann einschätzen, welche Wellen noch auf uns zukommen. In Gesprächen mit unseren Kunden bekomme ich derzeit häufig zu hören: „Wir fahren nur noch auf Sicht ...". Langfristige Prognosen haben eher den Charakter von Kaffeesatzleserei. Niemand kennt ein Rezept, wie man die Folgen der Krise am besten bewältigen kann. Politik, Wirtschaft und Gesellschaft haben bisher eine solche Herausforderung noch nicht angehen müssen.

Auch wir betreten Neuland in dieser Hinsicht. Obwohl wir mit unseren Produkten gut und zukunftsweisend aufgestellt sind, müssen wir bei Veranstaltungen in „Krisenbranchen" zum Teil deutliche Rückgänge verzeichnen. Unser Haus konzentriert sich auf seine Stärken. Dabei hat der Schutz der etablierten Leitmessen erste Priorität – auch wenn die Profitabilität durch notwendige zusätzliche Maßnahmen kurzfristig sinkt. Daneben sehen wir die Krise auch als große Chance, um Neues zu entwickeln. Ich erlebe – bedingt durch die Krise – eine Kreativität in unserem Haus, die ich bisher so noch nicht wahrgenommen habe. Dieses positive Klima zu fördern und es für eine erfolgreiche Zukunft des Unternehmens zu nutzen steht im Vordergrund der Aktivitäten.

Die Gewinnung von Marktanteilen ist ein Ziel in der Krise. Neben Akquisitionen, die aktuell zu besseren Konditionen abgewickelt werden können, gibt es im Messewesen zunehmend Kooperationen zwischen Messegesellschaften, egal in welcher Dimension – regional, national, international –, und es wird verstärkt zu Coopetition, eine Form der Kooperation zwischen Konkurrenten um die gleichen Kommunikationsbudgets der Industrie, kommen. Im Vordergrund steht dabei immer, den Nutzen für den Aussteller durch den effektiven Vierklang von Messe, Medien, Konferenz und Internet zu maximieren. Denkbar sind daher beispielsweise Kooperationen mit Medienunternehmen, IT- und Marketing-Dienstleistern, aber auch direkt mit der ausstellenden Industrie.

Welche Werte braucht die deutsche Wirtschaft aus Ihrer Sicht, um zum einen nachhaltig wirtschaftlich erfolgreich zu sein und zum anderen auch eine positive Kultur zu schaffen und zu fördern?
Neben der Besinnung auf die eigenen Stärken muss die deutsche Führungselite vor allem ihre Glaubwürdigkeit stärken. Das Vertrauen der Mitarbeiter in ihre Führungskräfte ist existentiell, um auch in schwierigen Zeiten das Schiff „Wirtschaft“ in eine sichere und erfolgreiche Zukunft zu steuern.

Welche Unterstützung haben Sie bisher durch den Aufsichtsrat erlebt? Welche Mankos sehen Sie in dieser Funktion und mit welchen Themen sollten sich die Mitglieder des Aufsichtsrates speziell beschäftigen?
Das dualistische System, wie wir es in Deutschland haben – also die strikte Trennung von Leitung und Kontrolle –, hat sich grundsätzlich bewährt. Dennoch wird sich das Wirken von Aufsichtsräten wandeln. Strengere Haftungsvorschriften und höhere Verantwortung bedingen, dass eine „nebenberufliche" Ausübung der Tätigkeit zunehmend schwieriger wird. Gerade die Finanz- und Wirtschaftskrise führt dazu, dass diskutiert wird, dem Aufsichtsrat noch weitergehende Funktionen einzuräumen – bis hin zu Fragen der operativen Führung, was allerdings unser bewährtes System des Dualismus in Frage stellt.

Gerade öffentliche Amtsträger sind aber bereits jetzt aufgrund ihrer „hauptberuflichen" Verantwortung sowie ihren Verpflichtungen in Aufsichtsräten unterschiedlichster öffentlicher Unternehmen, von Krankenhäusern über Stadtwerke bis zu Messegesellschaften stark, teilweise zu stark gefordert. Es sollte daher diskutiert werden, ob – und dies gilt sowohl für öffentliche als auch private Unternehmen – ein System geschaffen wird, das spezialisierten Aufsichtsrats-Managern einen eigenständigen Karriereweg aufzeigt. Die erforderlichen Sachkenntnisse werden – auch aufgrund der aktuellen Entwicklungen – noch weiter zunehmen. Dies hätte mehrere Vorteile: Zum einen würden Vorstände oder Geschäftsführer von der stärkeren Nähe des

Aufsichtsrats zur Leitung profitieren. Auch die Professionalität der Kontrolle würde gerade in politischen Aufsichtsräten steigen. Zum anderen würde es dem Aufsichtsrat einfacher gemacht werden, unabhängige Informationen für seine Kontrollfunktion zu besorgen und er wäre nicht – wie bisher – auf vorstands- oder geschäftsführungsbeeinflusste Informationen angewiesen.

DER ERHALT DES GESELLSCHAFTSPOLITISCHEN WERTEKONSENSES BEDARF NEUER IMPULSE

Dr. Claus-Georg Nette
CFO und Mitglied des Vorstands der Marquard & Bahls AG

Welche Werte sind Ihnen persönlich wichtig und welche spielen für Sie im Umgang mit Ihren Mitarbeitern eine Rolle?

Die für mich persönlich wichtigen Werte sind Vertrauen – aufgebaut durch Verlässlichkeit und Offenheit, Disziplin und Bescheidenheit. Im Umgang mit Mitarbeitern ist Vertrauen sicherlich das höchste Gut – in beide Richtungen: Vertrauen erwerben und Vertrauen geben. Dazu ist eine offene und aktive Kommunikation erforderlich, die nicht nur klar und vollständig informiert, sondern auch abweichende Meinungen wirklich akzeptiert. Disziplin, Fachorientierung und Bescheidenheit sind wichtig für eine Vorbildfunktion der Vorgesetzten. Gerade in leitender Funktion ist es von hoher Wichtigkeit, sich ständig in Erinnerung zu rufen, dass man sein Verhalten nicht aus der beruflichen Funktion ableiten sollte. Nur auf diese Weise ist eine aktive Kommunikation nicht lediglich als Einbahnstraße von oben nach unten möglich.

Würden Sie sagen, dass ein Wertewandel im Zusammenhang des Generationswechsels besteht?

Ich sehe unter unseren jungen Leuten ein großes Engagement und zunehmende Flexibilität. Die in der älteren Generation in der Vergangenheit hier und da vorherrschende fast bedingungslose Loyalität zum Unternehmen weicht dabei immer mehr einer überprüften Loyalität bei den jüngeren Mitarbeitern. Dabei meine ich, dass eine Loyalität zum Unternehmen für die Unternehmensleitung durchaus weiterhin herzustellen ist, allerdings bedarf es eines klaren Motivationsfahrplans für die jüngere Generation, der dann auch eingefordert wird. In diesem Zusammenhang ist eine klar strukturierte, gut kommunizierte und aktiv gelebte Personalentwicklungspolitik auch schon in mittelgroßen Unternehmen von Wichtigkeit.

Generell glaube ich nicht, dass traditionelle Grundwerte in Frage gestellt werden, auch nicht von der jüngeren Generation – wir haben keine „Krise der Werte". Das Zusammenleben von Menschen – privat wie in wirtschaftlichen Bezügen – ist ohne einen Werte-Grundkonsens von vielen Konflikten geprägt. Häufig ist der Verlust von Werten der eigentliche Grund für eine Krise und die Bewältigung der Krise erfordert daher geradezu die Rückbesinnung auf Werte. Das gilt für Krisen im privaten Leben gleichermaßen wie auch für die Wirtschaftskrise.

Allerdings ist es meines Erachtens an der Zeit, einen gesellschaftspolitischen Wertekonsens für die heutige Zeit herauszuarbeiten und zu überlegen, mit welchen konkreten Maßnahmen man diesen insbesondere Jugendlichen vermitteln kann. In einer Welt, wo bereits Teilnehmer an „Model-Wettbewerben" vielen Jugendlichen als Vorbildern gelten, wo man eine „Celebrity" alleine dadurch wird, dass man ein paar Monate lang „die Freundin von“ einem Schlagersänger ist oder weil man im Fernsehen Nachrichten fehlerfrei vom Blatt ablesen kann, es also für viele das höchste soziale Ziel zu sein scheint, möglichst schnell reich und berühmt zu werden und möglichst ohne große eigene Leistung, ist die Frage nach dem Zustand des Wertekonsenses gesellschaftspolitisch dringend zu beantworten.

Stellen Mitarbeiter und Kunden andere Werteerwartungen an die Unternehmen als in der Vergangenheit?

Ich beobachte es bei mir selbst da, wo ich Kunde bin: In vielen Fällen lege ich Wert auf Beständigkeit und Nähe in meiner Beziehung zu Dienstleistern. Dies ist eine Erfahrung, die wir auch für unser Unternehmen gemacht haben. Wir erleben es zunehmend als wettbewerblichen Vorteil, dass unsere Kundenbetreuer oft langjährige Erfahrung haben und auf langjährige Kundenbeziehungen zurückblicken können, wohingegen unsere Wettbewerber ihre Kundenberater häufig alle zwei bis drei Jahre austauschen. Neben der höheren fachlichen Beratungstiefe, die dies ermöglicht, ist es für viele Kunden auch eher lästig, dass sie sich alle zwei bis drei Jahre erneut mir ihren Kundenberatern vertraut machen und ihre geschäftlichen Besonderheiten und Wünsche erklären müssen. Für uns intern ist hiermit allerdings eine Gratwanderung verbunden insofern, als wir auf der einen Seite natürlich unsere Schnittstelle zum Kunden nicht so häufig austauschen, auf der anderen Seite unsere Mitarbeiter aber auch motiviert halten wollen.

Welche wesentlichen Unterschiede haben Sie im Rahmen Ihrer beruflichen Schritte in Bezug auf die unterschiedlichen Unternehmenskulturen erlebt?

Ich habe in meinem Berufsleben nur bei großen Mittelständlern gearbeitet, die teilweise in Familienbesitz sind. Insbesondere was die interne Kommunikation anbelangt, habe ich da doch sehr deutliche Unterschiede erlebt, mit den entsprechenden Konsequenzen für die Motivation der Mitarbeiter. Hier gilt für mich nach wie vor die alte Regel: „Nur ein informierter Mitarbeiter kann auch ein motivierter Mitarbeiter sein". Ich bin heute der festen Überzeugung, dass eine sehr offene und zeitnahe Kommunikation in das gesamte Unternehmen, also nicht nur in den Bereich der nachfolgenden Führungsebene, für die Motivation aller Mitarbeiter von großer Bedeutung ist, aber auch für das Zugehörigkeitsgefühl der Mitarbeiter zum Unternehmen. Wir haben als Vorstand zum Beispiel auch eine regelmäßige Informationsrunde für Sekretärinnen des Unternehmens über die Entwicklungen des Konzerns inklusive der Ergebnisse. Auch muss man in einer solchen Kultur keine Scheu haben, schlechte Nachrichten zu kommunizieren – dies gehört dann zu der berechtigten Erwartungshaltung der Kollegen und führt dazu, dass an vielen Stellen im Hause darüber nachgedacht wird, wie man diese Situation gemeinsam bewältigen kann.

Ein anderes Thema ist die Art und Weise, wie Vertrauen konkret im Unternehmen gelebt wird: In meinem jetzigen Unternehmen investieren wir in unserer Grundeinstellung ein sehr hohes Vertrauen in den einzelnen Mitarbeiter, was sich in einer großen dezentralen Aufstellung unseres Geschäftes und damit auch der Entscheidungskompetenzen ausdrückt. Zu diesem Thema habe ich im Verlauf meiner beruflichen Zeit doch erheblich andere Grundaufstellungen von Unternehmen gesehen.

Welche Auswirkung hat die aktuelle Krise auf die Kultur und die wahrgenommenen oder nicht wahrgenommenen Werte Ihres Hauses?
Glücklicherweise sind wir von der derzeitigen Wirtschaftskrise lediglich in Randaktivitäten unseres Konzerns betroffen gewesen. Die größeren Auswirkungen kamen eher indirekt auf uns zu, zum Beispiel durch die Lähmung der Banken und Finanzmärkte für eine geraume Zeit. Insofern hat die Krise keine Rolle gespielt für die Werte unseres Unternehmens oder Anlass gegeben für eine kritische Reflexion derselben. Auch wenn wir uns naturgemäß angesichts des für einige Zeit gar nicht mehr vorhersehbaren Marktumfeldes unternehmerisch deutlich vorsichtiger bewegt haben, war es uns sehr wichtig, dass wir zu keinem Zeitpunkt der Krise Maßnahmen beschließen würden, die den über Jahrzehnte lang aufgebauten Werten unseres Unternehmens hätten Schaden zufügen können.

Wann glauben Sie, dass wir einen nachhaltigen Umschwung sehen?
Ich verstehe diese Frage so, dass Sie auf einen Umschwung in der Bedeutung von gewissen Werten abzielen und nicht auf eine konjunkturelle Erholung.

 Sie sind der erste, der die Frage so versteht, aber das finde ich ein gutes Zeichen. Eigentlich meinte ich einen konjunkturellen Umschwung, aber eine Antwort auf die Frage, so wie Sie sie aufgenommen haben, fände ich noch wesentlich interessanter.

Am Ende wird man meines Erachtens hierzu in die Ursachen dafür einsteigen müssen, warum gewisse Werte bei einer Vielzahl von Unternehmen in den letzten Jahren nicht mehr, oder nicht mehr in dem erforderlichen Maße, gelebt wurden. Bei den vordergründigen Themen hierzu setzt ja bereits die öffentliche Diskussion an, nach der man in der Politik glaubt, durch gesetzgeberische Maßnahmen die Managergier oder die sogenannte Kasino-Mentalität regulieren zu müssen. Da, glaube ich, sind wir vollständig auf dem falschen Weg – nicht der Gesetzgeber ist hier gefragt, auch nicht für kurzfristige Wirkungen, da der Gesetzgeber zu diesen Themen für die Wirtschaft nicht die Regelungsinstanz sein sollte. Da wären nach meinem Geschmack eher die Aktionäre oder der Aufsichtsrat gefragt, die dafür eigentlich keine wirklich wesentlichen Veränderungen des Rechtsrahmens benötigen. Gefragt ist hier schlicht „Common Sense" und ein sicheres Gefühl dafür, was ethisch in Ordnung ist und was nicht.

Was für Konsequenzen wird die Krise bis dahin mit sich bringen?

Ich fürchte, die Konsequenzen werden in der Praxis leider eher unzureichend bleiben. Wünschenswert wäre es jedoch, wenn es jedenfalls gelänge, sich international auf eine stärkere und an deutlich konservativeren Maßstäben ausgerichtete Regulierungen der Finanzmärkte zu verständigen.

Zumindest bei der Mindestkapitalausstattung von Banken ist man hier in die richtige Richtung unterwegs. Aufpassen muss man dabei allerdings, dass nicht die erforderlichen drastischen Regime-Änderungen in den Finanzmärkten zu hohen Opfern in der sogenannten Realwirtschaft führen – ich nenne da das Thema „Kreditklemme“ als Beispiel. Da muss es mehrjährige Übergangszeiten geben oder müssen die Nationalstaaten, sprich die Politik, hier für eine gewisse Zeit helfend zur Seite stehen.

Leider zeigt gerade die jüngste Vergangenheit auch hier in Deutschland, dass Eingriffe solcher Art in Einzelfällen auch von populistischen Motivationslagen getragen werden. Hier ist eine kompetente und besonnene Exekutive gefragt, die die grundsätzlichen Wirkungszusammenhänge von Märkten kennt und anerkennt: Es macht ökonomisch eben keinen Sinn, ein im Markt nicht überlebensfähiges Unternehmen mit Steuermilliarden zu stützen, nur um ein paar 1.000 Arbeitsplätze für eine gewisse Zeit zu erhalten. Da entspräche es mehr meiner Auffassung von einem Sozialstaat, dass den betroffenen Arbeitnehmern marktgängige Umschulungen angeboten und sie übergangsweise finanziell gestützt werden.

Wie viel staatlicher Einfluss ist aus Ihrer Sicht sinnvoll? In welchen Bereichen sollte er aktuell größer oder geringer sein?
Der Staat muss sich der Versuchung widersetzen, mehr als die Rahmenbedingungen für die Märkte setzen zu wollen. Das ist über die lange Sicht gesehen der wesentliche Erfolg

des bei uns bestehenden Wirtschaftssystems gegenüber anderen Systemen in der Welt gewesen. Die Verlockungen für den Staat, hier angemessene Grenzen zu überschreiten, sind groß. Da ist es auch nicht besonders hilfreich, dass der wirtschaftliche Sachverstand bei vielen Politikern ebenso gering ist wie beim größten Teil ihrer Wählerklientel. Man wundert sich ja schon manchmal, was man zu wirtschaftlichen Themen an Aussagen von Politikern in den Zeitungen liest, aus denen dann für den wirtschaftlich einigermaßen vorgebildeten Leser doch deutlich hervorgeht, dass grundlegende Begrifflichkeiten einfach nicht verstanden sind. Immer wieder: Es ist für den Erfolg unserer Gesellschaft wichtig, dass wir wirtschaftliches Grundverständnis in der breiten Masse haben – nur dann kann ein durch Konsens getragener vernünftiger wirtschaftlicher Ordnungsrahmen auf Dauer erhalten bleiben. Diese wirtschaftlichen Grundkenntnisse werden jedoch derzeit viel zu wenig in unserem Bildungssystem vermittelt.

BESCHEIDENE EHRLICHKEIT

Randolf Rodenstock
Geschäftsführender Gesellschafter der
Optische Werke G. Rodenstock GmbH & Co. KG

Welche Werte sind Ihnen persönlich wichtig und welche spielen im Umgang mit Ihren Mitarbeitern und Kunden eine wichtige Rolle?
Wir haben einen altmodischen Begriff wiederbelebt, den Begriff der Redlichkeit. Der gefällt mir deswegen so gut, weil er sowohl Tüchtigkeit als auch Ehrlichkeit beinhaltet. Das gilt nach außen in gleichem Maße wie nach innen. Mir war es besonders wichtig, nach außen das Thema Brille und Persönlichkeit zu pflegen, da diese Assoziation bei uns im Mittelpunkt steht und uns als Anbieter ausmacht. Innerhalb des Unternehmens war es mir ein Anliegen, mit den Mitarbeitern eine Vertrauenskultur zu entwickeln und gleichzeitig auch eine gewisse Widerspruchskultur zu fördern. Wir haben gesagt, dass unser Unternehmen eine Heimat für kompetente und emanzipierte Mitarbeiter sein soll.

Wir erkennen damit an, dass unser Unternehmen nicht nur eine vorgegebene Organisation ist. Unsere Mitarbeiter verbringen hier einen großen Teil ihrer Zeit und haben auch eine gewisse emotionale Bindung zum Unternehmen und sollen sich hier zu Hause fühlen. Wir wollen kompetente und emanzipierte Mitarbeiter und keine Ja-Sager. Unsere Unternehmenskultur soll Leute fördern, die sich selbst einbringen und einbeziehen lassen. Da gehören immer zwei Seiten dazu, zum einen eine Führungsgruppe, die die Mitarbeiter vernünftig in das Geschehen einbezieht, und zum anderen die Mitarbeiter, die darauf eingehen. Dies ist ein mühsamer, langwieriger Prozess. Mein Ziel habe ich in dieser Hinsicht vielleicht zur Hälfte verwirklichen können.

Haben sich die Wertevorstellungen in der Gesellschaft über die Zeit verändert?

Mir fällt auf, dass die Technokratie sehr stark einfällt in die Unternehmen. Klar, wir brauchen Technokraten, aber nicht in der Unternehmensspitze. Dort brauchen wir „Gärtner", „Handwerker", „Künstler", „Visionäre", Leute, denen es nicht egal ist, welche Produkte sie verkaufen, für welches Unternehmen sie tätig sind. Wir brauchen Überzeugungstäter, die sich mit dem Unternehmen, mit den Produkten, den Kunden und mit dem Umfeld identifizieren und das auch prägen und weiterentwickeln. Was hat das mit Werten zu tun? Eine ganze Menge. Aber sie bekommen keine Werte in ein Unternehmen, wenn die Bilanz nicht stimmt. Unternehmerischer Erfolg aus finanzieller Sicht gehört schon dazu, aber nicht der allein lässt den Laden ticken.

Früher war man sein Leben lang im gleichen Job und Unternehmen. War das gut? Aus meiner Sicht war das auch nicht gut, weil sich weder Unternehmen noch die Mitarbeiter weiterentwickeln konnten. Bei der Jobhopperei von heute könnte man sagen, das Pendel schlägt jetzt von einem Extrem in das andere. Allerdings verlangen wir ja Mobilität und Flexibilität. Man muss aber aufpassen, dass Flexibilität nicht mit Beliebigkeit gleichgesetzt wird.

Sind werteorientierte Unternehmen aus Ihrer Sicht langfristig erfolgreicher als nicht werteorientiert geführte?
Ich glaube, es gibt keine Unternehmen ohne Werte. Jedes Unternehmen hat seine Werte, auch wenn sie nicht aufgeschrieben sind und nicht andauernd in aller Munde sind: Verunsichere Deinen Chef nicht, lass Dich nicht erwischen, eine schnelle Lösung ist besser als eine perfekte Lösung etc. Das sind nicht die großen Werte, von denen wir sprechen, aber es sind auch Werte. Schauen Sie sich mal an, auf was in Unternehmen wirklich Wert gelegt wird, wofür man wirklich etwas tut. Es ist unheimlich spannend, wenn man sich die Unternehmen und ihre Kulturen anguckt. Über diese kleinen Dinge wird zwar nicht viel gesprochen, aber es geht hier auch um Werte, die das Unternehmen treiben und das Handeln im Unternehmen ausmachen.

Stellen Mitarbeiter, Kunden und Geschäftspartner andere Erwartungen an Ihr Haus als in der Vergangenheit?
Ich kann nur beobachten, dass in den Unternehmen in den letzten anderthalb Jahren, auch durch die Wirtschaftskrise, sehr viel mehr über Werte gesprochen wird, zum Beispiel über das schnelle Geld, das ja in vielen Unternehmen auch ein Wert ist. Es wird erstaunlich viel über Grundwerte einer sozialen Marktwirtschaft gesprochen und wie die überhaupt funktioniert. Es wird über Begriffe geredet wie den ehrbaren Kaufmann. Wollen wir sagen, dass unsere Manager keine ehrbaren Kaufmänner sind? Ich glaube nicht. Aber wir sind auf der Suche nach Maßstäben, nach einer Antwort auf die Frage, wie ich

 einen ehrbaren Manager von einem nicht ehrbaren unterscheide.

Machen Sie noch Geschäft auf Handschlag?
Es gibt immer mündliche Absprachen, an die man sich zu halten hat. Irgendwann muss man die dann aber auch in einen schriftlichen Vertrag bringen. Aber verbindliche mündliche Vereinbarungen gibt es auf jeden Fall.

Haben Sie das Thema dann auch in Ihr Vergütungssystem mit eingebaut?
Indirekt schon, es gab eine Rubrik in unserem Beurteilungsbogen, die sich mit markengerechtem Verhalten beschäftigt. Diese Komponente enthielt dann natürlich auch Kategorien wie Kenntnis und Leben der Leitlinien. Das war einer von vielen Punkten.

Ich habe mich allerdings mit Händen und Füßen dagegen gewehrt, solche qualitativen Beurteilungen mit Geld zu verbinden. Das halten Sie nicht durch. Das geht schon bei der Zielvereinbarung los und gipfelt bei der Beurteilung am Ende des Jahres. Da findet heftiges Handeln und Feilschen statt, das macht keinen Sinn und führt nur zu Ärger.

Was sind aus Ihrer Sicht die zentralen Aufgaben des Aufsichtsrates?
Die Aufgabe des Aufsichtsrates ist, den Vorstand zu beaufsichtigen. So steht es ja auch im Aktiengesetz. Es geht nicht darum, das Unternehmen zu kontrollieren. Bei zustimmungspflichtigen Geschäften können Sie ja den

Aufsichtsrat auch sehr stark ins operative Geschäft einbringen. Der Corporate Governance Kodex macht deutlich, dass dies nicht gewünscht ist.

Beaufsichtigen heißt eben auch, nach Leitlinien zu fragen und danach, wie sie eingesetzt werden. Denken Sie mal an das Thema Korruption. Der Aufsichtsrat muss sicherstellen, dass der Vorstand seinerseits im Unternehmen die richtigen Fragen stellt. Wenn der Verkaufschef Region Zentralafrika sagt, er will seinen Umsatz in den nächsten Jahren vervierfachen, dann muss man schon fragen, wie er das ohne Korruption machen will. Das ist eine Aufgabe des Aufsichtsrats zu hinterfragen, ob alles mit rechten Dingen zugehen kann.

Dienen die aktuellen Regeln der Amtsausübung?
In der heutigen Zeit sind Aufsichtsräte sehr stark gefordert. Den gesetzlichen und gesellschaftlichen Anforderungen zu entsprechen, ist nicht einfach, vor allem, wenn ich fachfremd bin, wenn ich aus einer anderen Branche komme. Gerade vom Zeitaufwand her wird die Arbeit des Aufsichtsrates dann grenzwertig.

DER MENSCH HAT DIE VERANTWORTUNG, SEIN POTENTIAL ZU ENTFALTEN

Dr. Ulrich Schröder
Vorsitzender des Vorstandes der KfW Bank

Ihre Bank ist ein Dienstleistungsunternehmen. Für den Erfolg Ihrer Wertschöpfung kommt es entscheidend auf die Mitarbeiter an. Deshalb die Frage nach den prägenden Einflüssen der Kultur – an welchen Werten orientieren Sie sich im Umgang mit Ihren Mitarbeitern?
Zwei Grundprinzipien sind mir wichtig: Respekt und Leistung. Ausgangspunkt guter und wirksamer Führung ist immer die Achtung vor den Menschen. Dieser Respekt kann sich in verschiedenster Form ausdrücken, zum Beispiel dadurch, dass man die Mitarbeiterinnen und Mitarbeiter ernst nimmt, sie nach Vorschlägen fragt und ihre Ideen miteinbezieht. Das funktioniert natürlich nur, wenn ich meine Mitarbeiter auch darüber informiere, was im Haus passiert. Ich bin vom Grundsatz her jemand, der – eher zum Leidwesen der Belegschaft – etwas zu viel informiert (*lacht*).

Aber es ist doch so: Nur ein Mitarbeiter, der den Kontext kennt, ist motiviert, denkt mit und setzt sich für das Haus ein. Wenn sich alle nur wie ein unbedeutendes Rädchen im Getriebe fühlen, geht es nicht voran. Respekt ist aber nur eine Seite der Medaille. Auf der anderen Seite muss die Führungskraft auch das Recht haben zu fordern. Führung heißt in meinen Augen, dass die Verantwortlichen die Bedingungen schaffen, unter denen die Mitarbeiter den

Leistungsvertrag bestmöglich erfüllen können. Dazu gehört es auch, Talente an den Ort ihrer größten Leistungsfähigkeit zu lenken – und Potentiale zu erschließen. Denn ich glaube, dass in jedem Mitarbeiter mehr steckt, als er oder sie heute schon zeigt. Eine Führungskraft muss auch immer fordern, dass diese Talente – ob verborgen oder nicht – für das Unternehmen eingesetzt werden. Es geht in einem Arbeitsverhältnis letztlich immer darum, dass jeder eine Gegenleistung erbringt.

Beziehen Sie sich dabei auf das Gleichnis von den Talenten in der Bibel?
Genau. Dort heißt es, dass derjenige unverantwortlich handelt, der seine Talente nicht oder zu wenig nutzt. Der Mensch hat gleichsam eine Verantwortung, sein Potential zu entfalten. Als Unternehmensleiter fordere ich ein, dass meine Mitarbeiter diese Verantwortung in ihrem Arbeitsumfeld einbringen.

Stichwort Verantwortungsgefühl. Glauben Sie, dass ein Wertewandel zwischen den Generationen stattgefunden hat?
Eine schwierige Frage. Einerseits bin ich überzeugt, dass sich viele Fragen nicht so sehr am Alter einer Person als vielmehr an ihrer persönlichen Grundeinstellung festmachen lassen. Ich gebe Ihnen ein Beispiel: Es gibt viele ältere Menschen, die ein starkes Bewusstsein für Umweltthemen wie etwa den Klimaschutz haben. Und es gibt junge Menschen, die sich genauso intensiv mit dem Thema Nachhaltigkeit beschäftigen. Insofern wäre es falsch zu sagen, diese oder jene Genera-

tion hätte mehr oder die besseren Werte. Was ich wohl merke, ist, dass Ältere eher bereit sind, Verantwortung zu übernehmen, als Jüngere – vor allem, wenn diese Verantwortung nicht mit Geld abgegolten wird. Geht es zum Beispiel darum, ehrenamtliche Arbeit zu leisten, sind es häufig die Älteren, die am schnellsten die Hand heben.

Werfen wir einen Blick auf Ihre Industrie. Heute ist oft von „den Banken" die Rede. Das unterstellt, dass es eine homogene Gruppe ist. Aber lässt sich die KfW Bankengruppe mit einer herkömmlichen Bank vergleichen?
Die Frage leitet auf einen zentralen Punkt. Unsere Arbeit ist einem gesellschaftlichen Auftrag verpflichtet. Die KfW ist eine Förderbank mit einem besonderen Auftrag, der uns nahezu von fast jeder anderen Bank unterscheidet. Wir springen dort ein, wo der Markt seine Schwächen zeigt oder versagt. Zu diesem Ansatz gehört auch ein wichtiger Unterschied hinsichtlich der Eigentümerinteressen. Bei einer normalen Bank, die an der Börse notiert ist, erwarten die Eigentümer Rendite und Kurssteigerungen. Die KfW aber ist nicht renditeorientierten Aktionären verpflichtet, sondern der bestmöglichen Erfüllung ihres gesellschaftlichen Auftrags. Deshalb dürfen wir unsere Gewinne auch nicht ausschütten, sondern wir reinvestieren sie in Förderprojekte.

Nach welchen Kriterien wird über eine Förderung entschieden?
Wir unterliegen dem Primat der Politik, das heißt, was im Einzelnen gefördert wird, entscheidet der Gesetzgeber, also letztlich das Parlament. Es stellt die Richtlinien auf, an die

wir uns bei der Vergabe der Fördermittel halten müssen. Diese Regeln haben wir, als Berater der Bundesregierung, zwar mitentwickelt, doch die letzte Instanz ist immer der Gesetzgeber. Obwohl wir über das Gros der Förderanträge selbständig entscheiden, kann es sein, dass sich in besonders wichtigen Einzelfällen – beispielsweise im Rahmen der Konjunkturprogramme – die Politik eine endgültige Entscheidung vorbehält.

Gehen wir auf das große Bild. Auch hier spielen Werte, Leitbilder, Vorbilder und allgemein anerkannte Regeln eine Schlüsselrolle für das Handeln der Menschen. Die Finanzkrise hat gezeigt, dass dieses System fehlerhaft funktioniert hat. Wie konnte es dazu kommen?
Die Krise ist durch eine Reihe von Fehlentwicklungen entstanden, wobei das Versagen der Banken sicher eine Hauptursache war. Die Banker haben zum Teil schlichtweg ihre Hausaufgaben nicht gemacht: Da wurde Geld an Menschen verliehen, von denen man annehmen musste, dass sie ihre Schulden nicht zurückzahlen würden. Zur Erreichung kurzfristiger – auch persönlich motivierter – Strategieziele wurden unverantwortliche Risiken eingegangen. Hier wurden fundamentale unternehmerische Werte nicht beachtet.

Kein Unternehmer darf so handeln, dass er mit seinem Verhalten das Unternehmen als Ganzes aufs Spiel setzt. Genau das wurde aber in Teilen der Finanzindustrie getan. Wer Geld an Menschen verleiht, denen es ersichtlich an Bonität fehlt, handelt so, als gäbe es kein Morgen mehr. Ich fände es wichtig, dass sich die Banker für dieses Fehlverhalten gegenüber der Öffentlichkeit entschuldigen – anstatt den Schwarzen Peter zum Beispiel den Notenbanken oder Aufsichtsbehörden zuzuschieben. Sicher, die expansive Geldpolitik und die Mängel in den Regulierungen haben die Krise beschleunigt, aber nicht ausgelöst. Ich glaube, dass vor allem die Banker als wichtigste handelnde Personen zu ihrer Verantwortung stehen sollten.

Haben Sie schon einmal eine Vertrauenskrise erlebt?
Finanzielle Belastungen, aber auch einen großen Reputationsverlust hat uns die Überweisung gebracht, die wir am 15. September 2008 an eine Tochter der bereits insolventen Lehman Bank geleistet haben. Dieser bedauerliche Vorfall führte zur schlimmsten Vertrauenskrise, in die ein Unternehmensrepräsentant kommen kann.[1] Ich denke, in dieser Lage war es am wichtigsten, darzulegen, welche Vorgänge zu dieser Krise geführt haben. Es ging darum, alles so schnell wie möglich und so gut wie möglich aufzuklären. Zu dementieren oder gar zu vertuschen ist in einer solchen Lage das Schlimmste. Diese Aufklärung sollte nicht das Unternehmen selbst durchführen, sondern, wenn möglich, unbeteiligten Dritten überlassen.

Wir beauftragten seinerzeit unsere Innenrevision sowie externe Berater mit dieser Aufgabe. Die systematische Aufklärung kann aber nur der erste Schritt sein. In einem nächsten sollte offen kommuniziert werden, was falsch gelaufen ist und wer das Fehlverhalten zu verantworten hat. Es geht nicht, nur aufzuklären und danach zu sagen, man sei es nicht gewesen. Verantwortlichkeiten müssen festgestellt und letztlich auch personelle und organisatorische Konsequenzen gezogen werden, um das Haus zukünftig vor derartigen Schäden zu bewahren.

Was halten Sie davon, wenn der Staat als Retter eingreift wie bei Opel oder den Banken?

Der Staat muss sich immer fragen: Welche Auswirkungen hat es auf die Volkswirtschaft, wenn eine bestimmte Firma oder Bank untergeht? Die Finanzwirtschaft lässt sich mit dem Blutkreislauf des Menschen vergleichen: Bricht er zusammen, droht überall Schaden, nicht nur an einer Stelle im Körper. Deshalb darf der Staat im Bankensektor stärker eingreifen als bei Unternehmen. Grundsätzlich muss die öffentliche Hand kritische Bereiche der Wirtschaft von vornherein definieren, um sie in Krisenzeiten intensiv zu unterstützen – so wie das zum Beispiel auch im Versicherungssektor schon praktiziert wird. Weil es fatale Folgen hätte, wenn die Menschen nicht mehr ihrer Lebens-, Kranken- oder Rentenversicherung vertrauen könnten. Aber wenn ein Wirtschaftszweig als systemrelevant definiert wurde, dann muss er meiner Meinung nach im Vorfeld reguliert werden. Es kann nicht sein, dass die unternehmerische Entscheidung völlig frei ist, aber sobald etwas schiefläuft, die Akteure kommen und nach Hilfe vom Staat rufen. Generell sollte jedoch gelten, dass der Staat in der Privatwirtschaft nur als Ultima ratio bei klar definiertem und bedeutsamem öffentlichen Interesse interveniert.

1 Anmerkung der Herausgeberin: Am Tag der Insolvenz der US-Bank überwies die KfW 320 Millionen Euro.

WIR BRAUCHEN WIEDER ZEIT FÜR DAS WIRKLICH WICHTIGE

Nicholas Teller

CEO E.R. Capital Holding GmbH & Cie. KG

Von welchen persönlichen Werten lassen Sie sich im täglichen Umgang mit den Mitarbeitern leiten?

Ich finde es zunächst einmal wichtig, miteinander offen umzugehen. Daneben spielt Berechenbarkeit eine große Rolle: Mitarbeiter müssen sich darauf verlassen können, dass die Maßstäbe, nach denen die Geschäftsführung heute ein Urteil fällt, morgen auch noch gelten.

Kontinuität – das klingt altmodisch. Haben junge Mitarbeiter, die heute ins Unternehmen kommen, nicht völlig andere Werte?

Man könnte meinen, ja: Gerade wenn man sich die Kommunikation zwischen den Jüngeren anschaut – dieser oft saloppe, abgehackte Stil von Blackberry-Nachrichten –, bekommt man leicht das Gefühl, es ginge hier nicht um ernsthafte Dinge. Aber das stimmt nicht. Ich glaube, dass sich trotz gläserner Büros, E-Mails und SMS an den Grundwerten relativ wenig geändert hat. Vieles wird heute nur anders verpackt.

Wie stellen Sie sicher, dass sich Ihre Mitarbeiter Werte wie Fairness, Offenheit und Berechenbarkeit auch zu eigen machen?

Darauf gibt es nur eine Antwort: Vorleben. Ich habe in der Vergangenheit oft miterlebt, was für einen Aufwand manche Unternehmen treiben, um einen Wertekodex aufzustellen: Da werden teure Kommunikationsagenturen beauftragt, hochkomplexe Leitbilder entwickelt, Workshops bis in den letzten Winkel der Organisation abgehalten. Mit welchem Ergebnis? Wenn die gewünschten Verhaltensweisen nicht von oben bis unten vorgelebt werden, dann verpuffen diese Bemühungen.

Die Werte in unserem Familienunternehmen wurden eben nicht von einer Wertekommission in monatelanger Arbeit ausgetüftelt, sondern haben sich im Laufe von Jahren entwickelt und etabliert. Bei uns finden Sie eine Kultur von Fairness und Transparenz, wir fordern Leistung und honorieren sie auch, und gleichzeitig kümmern wir uns um den Nachwuchs. Diese Dinge haben sich einfach bewährt. Wir würden nicht auf den Gedanken kommen, eines Tages zu verkünden, wir wollten die Unternehmenskultur ändern, was man per Dekret ohnehin nicht kann. Die Kultur steckt in der DNA des Unternehmens, und die ändert sich – wenn überhaupt – nur über lange Zeiträume.

Aber so manche vormals solide Unternehmenskultur hat während der Krise Schaden genommen.

Das mag sein. Krisen stellen immer eine Prüfung auch für die Kultur dar, in solchen Situationen ist die Führungsmannschaft besonders gefragt. Ich denke, die Motivation der Belegschaft lässt sich in stürmischen Zeiten nur aufrechterhalten, wenn das Management transparent handelt. Entscheidungen und Veränderungen müssen und sollten begründet werden, damit sie auch verstanden werden –

 Herrschaftswissen bringt sie nicht weiter. Schließlich sind Mitarbeiter die wichtigsten Multiplikatoren eines Unternehmens. Das wird leider allzu oft vergessen. Deswegen wurden bei uns auch viele Mitarbeiterversammlungen abgehalten, in denen wir allen erklären, warum wir diese oder jene Maßnahme ergriffen haben. Natürlich mussten wir auch bisher ungewohnte Schritte wagen, zum Beispiel Mitarbeiter ohne lange Vorankündigung aus ihren angestammten Bereichen in andere Abteilungen versetzen. Und natürlich gab es Kollegen, die lieber an ihrem alten Platz geblieben wären. Letztlich war ich aber positiv überrascht, wie flexibel die meisten Mitarbeiter reagiert und sich mit ihren neuen Aufgaben identifiziert haben. Ich bin darüber hinaus überzeugt, dass es förderlich ist, immer etwas dazuzulernen, was mit Jobwechseln auch erreicht wird.

Sie kommen ursprünglich von der Commerzbank. Wie erleben Sie die Unterschiede zwischen Großkonzern und einem Mittelständler?
Wir haben 3.000 Mitarbeiter, davon nur 300 an Land. Mit so einer relativ kleinen Mannschaft können Sie ganz anders agieren, viel schneller, das Ruder auch mal scharf herumreißen. Wenn ein Unternehmen viel größer wird, geht diese Flexibilität verloren. Ein Großunternehmen hat andere Stärken. Die Notwendigkeit, viele Entscheidungsträger einzubinden, führt aber zwangsläufig zu längeren Entscheidungswegen. In unserer Unternehmensgruppe ist alles relativ überschaubar, fast alle kennen sich. Sie können per Blickkontakt erkennen, was beim anderen gerade ansteht und ob Ihre Meinung gefragt ist. Außerdem gibt es kaum

formale Abgrenzungen. Vieles läuft per Zuruf, und der Tagesablauf wird nicht von zahlreichen Sitzungen dominiert, die das Aufsichtsrecht vorschreibt.

Wir verbringen die Zeit mit Dingen, die wirklich wichtig sind. Und das ist auch gut so. Ich glaube nämlich, dass dieses moderne Gehetztsein – das Rennen von Sitzung zu Sitzung mit dem Blackberry im Anschlag – die Krise mitverschuldet hat. Denn diese übertriebene Geschäftigkeit führt dazu, dass die Kalender von Top-Führungskräften zwei Jahre im Voraus schon zur Hälfte gefüllt sind und eben keine Zeit mehr bleibt, das eigene Tun in Ruhe zu hinterfragen, sich die Frage zu stellen: „Mache ich das alles eigentlich richtig?“ Natürlich muss man hier auch erwähnen, dass börsennotierte Großkonzerne ganz anderen Zwängen unterliegen. Sie sind ja nicht nur für Tausende Mitarbeiter verantwortlich, sondern auch ihren Aktionären verpflichtet, die einen attraktiven Aktienkurs und Dividenden erwarten.

Welche Auswirkungen hatte die Krise auf Ihr Geschäft?
Natürlich hat die Krise unser Geschäft negativ beeinflusst. Wir mussten in einigen Bereichen auf die Bremse treten; andere Bereiche wurden umorganisiert – was dem Ruf unserer Gruppe erstaunlicherweise eher genutzt als geschadet hat. Wenn Sie so wollen, zählen wir also teilweise zu den Krisengewinnern. Ganz einfach, weil wir uns richtig verhalten haben: Wir haben intensiv mit unseren Partnern kommuniziert, ihnen erklärt, wie die Lage aussieht und was

wir vorhaben. Diese Offenheit stand uns gut zu Gesicht – das lässt sich sogar messen. Wir haben uns in einem schwierigen Umfeld ordentlich geschlagen.

Wie sahen diese Gespräche aus?
Wir haben zum Beispiel für unsere Vertriebspartner Vorträge gehalten, genau erklärt, wo wir stehen, wie wir mit der Krise umgehen, und abends noch lange mit unseren Kunden zusammengesessen. Diese Events sind übrigens eine Mannschaftsübung: Alle, die in unserem Hause mit dem Vertrieb zu tun haben, sitzen mit am Tisch. Darüber hinaus haben wir mit unseren Kunden sogenannte Vertrauenstage durchgeführt. Bei diesen Veranstaltungen ging es nicht darum, ein Produkt zu verkaufen, sondern durch transparente Kommunikation und Information Vertrauen aufzubauen.

Trägt das zum wirtschaftlichen Erfolg bei? Oder anders: Wie definieren Sie unternehmerischen Erfolg überhaupt?
Letztendlich misst man den Erfolg in Euro und Cent. Das ist die Messlatte, die zeigt, ob man wirtschaftlich erfolgreich ist. Aber dieses Kriterium kann natürlich immer nur eines unter vielen sein. Gleichzeitig ist es uns immens wichtig, ein bisschen von dem, was wir erwirtschaftet haben, wieder zurückzugeben. Wir glauben, dass Unternehmen auch eine gesellschaftliche Verantwortung haben. Von den Ressourcen, die uns zurzeit zur Verfügung stehen, profitieren wir. Gleichzeitig wollen wir sicherstellen, dass auch kommende Generationen sie nutzen können. Auf Recyclingpapier drucken ist Pflicht, die Kür gibt es aber auch noch.

Aber kein Geschäft ist immer 100 Prozent auf Nachhaltigkeit ausgerichtet.
Sicher nicht. Ich habe ein kleines Beispiel erfunden, welches eine kleine Karikatur auf die Globalisierung ist: In China produziert eine Fabrik Millionen kleiner Plastikentchen. Sie kommen in einen Container und werden von uns um die halbe Welt in die USA verfrachtet. Dann werden sie per LKW in alle Ecken der USA transportiert. Dort legt sie McDonald's seinen Kindermenüs bei, damit diese gekauft werden. Die meisten der Enten werden Sie im Umkreis von 50 Metern um das Restaurant in einer Mülltonne wiederfinden. Ist das wirtschaftlicher Fortschritt? Oder sinnvoll? Für McDonald's ja und für das System insgesamt bestimmt auch. Dennoch wehrt sich der gesunde Menschenverstand ein bisschen dagegen …

Zurück zur Krise. Glauben Sie, dass bessere Aufsichtsgremien den Absturz hätten verhindern können?
Hier greift wieder das, was ich vorhin zum Gehetztsein sagte: Wenn ein Aufsichtsrat seine Rolle ernst nimmt, braucht er – neben Branchenerfahrung – auch Zeit, um sich mit dem Geschäft auseinanderzusetzen und die Entscheidungen des Vorstands zu hinterfragen. Insofern denke ich, dass eine Person nicht mehr als drei oder vier Aufsichtsratsmandate innehaben sollte, je nachdem, wie viel Zeit neben dem Hauptberuf zur Verfügung steht, und das ist im Normalfall eben nicht viel.

Sollten Aufsichtsräte stärker haftbar gemacht werden?
Diese Forderung ist derzeit sehr populär und ich verfolge sie mit Sorge. Denn was passiert, wenn die Haftung immer weiter hochgeschraubt wird? Immer weniger Leistungsträger werden bereit sein, ein Aufsichtsratsmandat anzunehmen. Angesichts des Risikos wird sich für sie der Einsatz nicht rentieren. Und schon jetzt müssen Aufsichtsräte ständig damit rechnen, dass ihnen wegen Kleinigkeiten ein Verfahren gemacht wird. Diese Dinge sind viel zu unberechenbar geworden. Deshalb bin ich gegen eine höhere Haftung – weder für Aufsichtsräte noch für Vorstände. Wenn das Korsett zu eng wird, kann sich schließlich niemand mehr bewegen.

An welchen Stellen sollte der Staat denn eingreifen, wenn es zu Krisen kommt?
Ehrlich gesagt, bin ich froh, nicht in der Politik zu arbeiten und diese Entscheidungen treffen zu müssen. Denken Sie an den Fall der Hypo Real Estate: Die Verantwortlichen in der Politik hatten äußerst wenig Zeit, eine Antwort auf diese systembedrohende Krise zu erarbeiten. Da waren Mut und Entscheidungsfreude notwendig. Und sie haben gut entschieden. Wenn jetzt, nachdem alles halbwegs überstanden ist, die Entscheidung hinterfragt wird, am ruhigen Tisch diese schrecklichen Tage nach der Insolvenz von Lehman analysiert werden und man versucht, eine Schuld herauszuarbeiten, halte ich das für falsch. Wer wird mit dieser Erfahrung künftige Entscheidungen treffen?

Wir brauchen eine Politik, die in Zeiten der Not manchmal auch ohne vollständige Informationslage entscheidet. Manchmal gibt es diese vollständigen Informationen einfach nicht. Fakt ist, dass ein Tornado namens Finanzkrise durchs Land gezogen ist, und es war keine Option, einfach zuzusehen, wie ganze Strukturen zerstört werden. Wenn der Staat in solch einer Ausnahmesituation gegensteuert, droht deshalb nicht automatisch eine Rückkehr zum Sozialismus. Allerdings muss von diesen Eingriffen auch schnellstmöglich wieder Abstand genommen werden, wenn die Ausnahmesituation vorbei ist. Staatlicher Eingriff ja – aber nur, wenn schnell wieder der Ausgang gefunden wird.

EIGENTUM VERPFLICHTET

Dr. Volker van Rüth
Persönlich haftender Gesellschafter Hauck & Aufhäuser Privatbankiers

Welche Rolle sehen Sie für Ihr Haus in der Gesellschaft?
Unsere Daseinsberechtigung als Privatbankiers besteht im Kern darin, dass wir unsere Kunden finanziell erfolgreich machen. Sie vertrauen uns ihr Vermögen an, das oft über Generationen gewachsen ist. Wir tun alles, um es in der Substanz zu erhalten und zu vermehren. Dieses Metier beruht auf langfristigen und vertrauensvollen Beziehungen – zu Kunden, Geschäftspartnern, Gesellschaftern und Mitarbeitern. Eigentlich ist das ein Stakeholder-Ansatz: Jeder hat berechtigte Ansprüche, die ineinandergreifen und voneinander abhängig sind.

Neben dem Geschäftlichen sehen wir unseren gesellschaftlichen Beitrag vor allem in unserer klaren Werteorientierung. Die Haltung, mit der wir unsere Geschäfte betreiben, würde ich als wertkonservativ beschreiben. Wenn heute in der Öffentlichkeit die Frage diskutiert wird, wie wieder mehr Verantwortung in das Wirtschaftsleben Einzug halten kann, dann fühlen wir uns in unserer Haltung bestätigt. Eigentum verpflichtet – das leben wir auch, das hat sich nicht nur in der Finanzkrise bewährt. So arbeitet unser Haus seit mehr als 200 Jahren.

Worauf ich hinaus will: Ich glaube, die gesellschaftliche Funktion eines Unternehmens bemisst sich in erster Linie an der Art und Weise, wie die Unternehmer ihr Geschäft betreiben. Betriebswirtschaftliche Solidität ist nicht alles – aber ohne sie ist alles nichts. Das ist meines Erachtens auch die Basis von Good Corporate Citizenship.

Würden Sie sagen, dass ein Wertewandel im Zusammenhang des Generationswechsels besteht?
Ich kann keinen wirklichen Wertewandel erkennen. Mitarbeiter hatten schon immer unterschiedliche persönliche Prioritäten: Für den einen kommt die Familie, für den anderen der Beruf an erster Stelle, manche wollen durch Leistung überzeugen, manche tun nur das Nötigste. Doch Grundwerte wie Vertrauen und Fairness im Umgang miteinander haben schon immer eine wichtige Rolle gespielt.

Wie stellen Sie sicher, dass die Werte, die sich Ihr Unternehmen auf die Fahnen geschrieben hat, gelebt werden und die Mitarbeiter sich mit diesen identifizieren?
Wenn Sie damit so etwas wie eine Corporate Mission oder ein Leitbild meinen – natürlich haben wir das auch. Bei uns heißt das „Wertehaus“. Das haben wir mit einer Gruppe von Mitarbeitern und einem Berater entwickelt. Es besagt, dass wir Werte schaffen wollen – Substanzwerte – für die Kunden, für die Bank und für die Mitarbeiter. Das Wertehaus ist sehr wichtig für uns, weil wir uns hier alle wiederfinden und in der täglichen Arbeit motivieren.

 Aber ich denke, noch grundlegender sind die Werte, die während unserer mehrhundertjährigen Unternehmensgeschichte in der Bank entstanden und organisch gewachsen sind. Damit meine ich auch traditionelle Kaufmannstugenden, wie sie jeder mittelständische Unternehmer kennt. Darin liegt unsere eigentliche Identität.

Können Sie einige dieser Werte nennen?

Ich denke an Werte wie Unabhängigkeit, Kontinuität, Sparsamkeit, gegenseitige Wertschätzung, Verbindlichkeit, Verlässlichkeit. Hinzu kommt bei uns das Prinzip der persönlichen Verantwortung, also die Kopplung von Risiko und Haftung. Und wenn ich noch etwas hervorheben sollte, dann wäre das Bescheidenheit – die steht einem Privatbankier sehr gut zu Gesicht.

Was hat aus Ihrer Sicht zu der aktuellen Wirtschaftskrise geführt und was hätte man anders machen können oder sollen?

Vom staatlich geförderten Prinzip „My home is my castle“ in den USA über die Vergabe von Krediten an Schuldner schlechter Bonität, die Politik des billigen Geldes der Notenbanken, die Verbriefung und Weitergabe von Kreditrisiken, die zweifelhafte Rolle der Ratingagenturen usw. – die Ursachen sind ja bekannt und werden mittlerweile auch sehr differenziert betrachtet. Wie sich die Krise hätte vermeiden lassen, ist schwierig zu sagen. Wahrscheinlich kann man Krisen im kapitalistischen System überhaupt nicht vermeiden. Was jetzt passiert ist, wird sich aus den gleichen Ursachen nicht wiederholen. Aber heute noch unbekannte Ursachen werden uns wahrscheinlich irgendwann die nächste Krise bescheren.

Wie definieren Sie unternehmerischen Erfolg?

Unser Haus gibt es jetzt seit 213 Jahren – darauf sind wir sehr stolz. Diese Tradition wollen wir fortsetzen und das Schiff „Bank“ mit ruhiger Hand auch durch stürmische Gewässer steuern. Das ist unsere unternehmerische Herausforderung. Wenn wir mit unseren Gesellschaftern – in der Mehrzahl sind das übrigens selbst Unternehmer – einmal abends entspannt zusammensitzen, dann trinken wir den ersten Schluck immer auf unsere Bank. Das Unternehmen hat Priorität. Unser unternehmerischer Erfolg aber bemisst sich daran, ob es uns gelingt, unsere Kunden zufriedenzustellen. Sie stehen im Mittelpunkt unserer Arbeit. Nur unter dieser Voraussetzung können wir als Privatbank profitabel sein und unsere Unabhängigkeit wahren.

Welche Werte braucht die deutsche Wirtschaft aus Ihrer Sicht, um zum einen nachhaltig wirtschaftlich erfolgreich zu sein und zum anderen auch eine positive Kultur zu schaffen und zu fördern?

Die Frage legt nahe, dass etwas Grundlegendes in der deutschen Wirtschaft nicht stimmt. Ich glaube das nicht. Wir arbeiten in stabilen Rahmenbedingungen, die Interessen von Arbeitgebern und Arbeitnehmern sind im Großen und Ganzen ausgewogen, wir haben niedrige Streikquoten, ein engmaschiges soziales Netz und einen Lebensstandard, um den man uns in manchen anderen Ländern beneidet. In Kombination mit dem unternehmerischen Geist unserer mittelständisch geprägten Wirtschaft haben diese Faktoren Deutschland zu einer der erfolgreichsten Wirtschaftsnationen der Welt gemacht. Das zeigt sich auch in der aktuellen Krise, auf die unsere Unternehmen vielleicht besser vorbereitet waren als die anderer Länder. Ich denke, die Wertebasis der deutschen Wirtschaft ist intakt und gehört langfristig zu den wichtigsten Standortvorteilen im internationalen Wettbewerb.

RESPEKT VOR DER EINFACHEN ARBEIT

Michael C. Wisser
Vorsitzender der Geschäftsführung der WISAG Service Holding GmbH & Co. KG

Welche Werte sind Ihnen persönlich wichtig und welche spielen im Umgang mit Ihren Mitarbeitern und Kunden eine wichtige Rolle?
Zuverlässigkeit, Loyalität, Einsatzbereitschaft und Nachhaltigkeit sind mir sowohl in meinem Privatleben als auch im Unternehmen wichtig. Aber auch Moral und Ethik im Allgemeinen spielen für mich eine wichtige Rolle.

Stellen Mitarbeiter, Kunden und Geschäftspartner andere Erwartungen an Ihr Haus als in der Vergangenheit?
Wenn ich auf unsere Unternehmensgeschichte zurückblicke, sehe ich das nicht. Ich glaube aber, dass die Gewichtung einzelner Werte sich verändert. Und da gibt es durchaus Schwankungen. Wir werden demnächst sehen, dass bestimmte Werte wieder eine Renaissance erleben, während Themen, die vielleicht vor zwei Jahren wichtig waren, in den Hintergrund geraten. Aber ich glaube schon, dass wir in einem gesellschaftlichen Umfeld leben, das von bestimmten christlichen Grundwerten geprägt ist, die bis heute Bestand haben.

Wie stellen Sie sicher, dass die Werte, die Ihnen wichtig sind, auch von Ihren Mitarbeitern gelebt werden?
Zuerst geht es hier für mich um die Frage danach, wie Werte entstehen. Entstehen sie durch einen Vorstandsbe-

schluss oder wachsen sie über die Zeit im Unternehmen? Wenn man sich mit dem Thema „Werte in der Unternehmenspraxis" beschäftigen will, stellt sich zunächst die Frage, wie man dabei vorgeht und wo man anfängt. Bei uns haben wir über 2.000 Mitarbeiter, alle Führungskräfte, verschiedene Branchenkenner und ausgewählte Kunden danach befragt, was uns als Unternehmen aus ihrer Sicht ausmacht und welche Werte in unserem Unternehmen gelebt werden. Wir stellten fest, dass die Ergebnisse weitgehend deckungsgleich mit dem waren, was die Geschäftsführung zu dem Thema dachte. Dort, wo es Abweichungen gab, haben wir uns gefragt: „Was müssen wir tun, um Veränderungen vorzunehmen?" Der Fokus richtete sich bei der Thematik darauf, Werte gemeinsam zu entwickeln und dann vorzuleben. Es wurde nichts von oben vorgegeben.

Das Thema Werte stellt auch hohe Anforderungen an die Unternehmensführung. Sie können nicht Wertschätzung propagieren, ohne sie im Umgang mit den Mitarbeitern zu leben. Sie müssen dann mit den Leuten auch ordentlich umgehen. Nur dann können Sie auch einfordern, dass man mit Ihnen entsprechend umgeht. Im Mittelpunkt steht bei dem Thema der Dialog, die Offenheit, jemandem zu sagen „Pass auf, das ist nicht wertschätzend, was du da machst", aber auch Kritik an sich selbst zuzulassen. Man ist ja nicht unfehlbar, und gerade eine Entschuldigung für das eigene Fehlverhalten schafft oft Eindruck und Authentizität.

Man spricht gerne über Werte, das Thema ist beliebt und ein Vorstand startet gerne mal ein Projekt dazu. Die Wertethematik im Unternehmen authentisch umzusetzen erfordert aber tägliche Arbeit und darf nicht zur Eintagsfliege gemacht werden. Nur eine nachhaltige Auseinandersetzung mit Werten ist glaubwürdig und sinnvoll.

Was heißt für Sie unternehmerischer Erfolg?
Das Wesentliche beim wirtschaftlichen Erfolg ist die Nachhaltigkeit. Ein Unternehmen ist nicht deswegen erfolgreich, weil es zwei Jahre hintereinander gute Zahlen schreibt. Ein Unternehmen ist dann erfolgreich, wenn es dauerhaft gute Zahlen schreibt. Es wird mal bessere und schlechtere Jahre geben. Entscheidend ist, dass ein Unternehmen über die Jahre kontinuierlich eine ordentliche Entwicklung abbilden kann. Das ist unsere Definition von Erfolg.

Welche Konsequenzen wird die Krise noch mit sich bringen?
Ich glaube, zum Beispiel diese Diskussion und die Tatsache, dass Sie gerade jetzt eine zweite Auflage Ihres Buches starten. Die Krise und der Zusammenbruch der Finanzmärkte haben bewirkt, dass genau über dieses Thema gesprochen wird. Heute wird gefragt, ob die Wirtschaftsgurus und Wirtschaftsstars der vergangenen Jahre, die mit gigantischen Gehältern und großen Erfolgsgeschichten Ansehen erlangt haben, nicht einfach nur kurzsichtig, gierig und egoistisch waren. Heute weiß man, dass mit hohen Renditeforderungen ein hohes Risiko einhergeht und für Manager im Finanzsektor falsche Anreize geschaffen wurden.

 Wenn das Risiko aufgeht, dann partizipieren sie, und es gibt gigantische Boni. Wenn das Risiko nicht aufgeht, verlieren sie im schlimmsten Fall ihre Anstellung und kassieren eine hohe Abfindung. Dieses System wird heute mit Recht hinterfragt, und zwar weltweit, selbst in den USA. Wie lange wurden gerade die Verhältnisse in den USA für die Unterbezahlung von Managern in Kontinentaleuropa als Vorbild herangezogen? Es hat eine Diskussion begonnen, die diese Dinge in Frage stellt. Wir müssen allerdings aufpassen, dass wir diese Diskussion jetzt nicht durch Gesetze regeln.

Sondern?
Ich finde die Diskussion gut, weil sie dem Thema Wichtigkeit verleiht. Die betroffenen Personen bekommen möglicherweise nicht mehr das gesellschaftliche Ansehen für ihr Handeln, wie das vielleicht noch vor zwei, drei oder fünf Jahren der Fall war. Und ,wenn solches Verhalten gesellschaftlich sanktioniert wird, verliert es vielleicht auch an Attraktivität. Wenn als Messgröße für persönlichen Erfolg nicht mehr das Jahreseinkommen dient, sondern auch Moral, dann wird sich eine solche Krise meines Erachtens nicht wiederholen. Ich bevorzuge daher gesellschaftliche Diskussionen und Sanktionen vor gesetzlichen Regelungen.

Haben Sie selbst schon einmal einen Vertrauensverlust erlebt und falls ja, wie haben Sie es geschafft, das Vertrauen Ihrer Kunden oder Mitarbeiter wiederherzustellen?
Ich bin zu kurz im Amt, als dass ich hier über persönliche Erfahrungen berichten könnte. Ich hätte eine These, wie

man damit umgehen kann. Ich glaube, dass eine dauerhafte und kontinuierliche Kommunikation mit Kunden, Lieferanten und Mitarbeitern über die aktuelle Situation, unabhängig von der wirtschaftlichen Lage, dazu führt, dass im Falle einer Krise Vertrauen erst gar nicht verlorengeht. Es ist völlig normal, dass in einem Unternehmen mal etwas schiefgeht. Wirtschaftliche Entscheidungen haben häufig etwas mit einer subjektiven Vermutung oder Erwartung über die Zukunft zu tun. Die kann richtig oder falsch sein, was man letztendlich erst später mit Sicherheit herausfindet.

Vertrauen hat ja damit zu tun, dass die Partner glauben, dass grundsätzlich nachvollziehbar ist, was getan wird. Wenn man also über Entscheidungen spricht und die Lage stets offen kommuniziert und erläutert, wirkt man einem Vertrauensverlust entgegen, wenn die Entscheidungen später nicht zu den gewünschten Ergebnissen führen. Deshalb betreiben wir in unserem Unternehmen eine offene und ehrliche Kommunikation mit unseren Geschäftspartnern, Kunden, Mitarbeitern oder Kreditinstituten.

Es macht keinen guten Eindruck, erst in der Krise auf die Idee zu kommen, jetzt mal ganz eng und intensiv zu kommunizieren. Da ist immer der Geschmack dabei, man habe Erklärungsnot. Wenn man kommuniziert und Dinge erklärt, ohne dass akuter Druck besteht, vermittelt das von Vornherein viel mehr Offenheit und schafft eine viel größere Basis für Vertrauen. Und auf so einer Basis ist Krisenkommunikation wesentlich einfacher.

Wie viel staatlicher Einfluss ist sinnvoll und wo sollte er aktuell größer oder geringer sein?

Da schlagen immer zwei Herzen in meiner Brust. Auf der einen Seite bin ich sicherlich ein großer Anhänger von sozialer und freier Marktwirtschaft, was im ersten Schritt signalisiert: „Staat, bitte bleib' draußen! Schaffe Rahmenbedingungen und dann lass' Deine Bürger in Ruhe". Das ist prinzipiell der richtige Weg. Aufpassen müssen wir, wenn der freie Wettbewerb Ergebnisse produziert, die nicht in Ordnung sind, und er eine Form annimmt, die den Schwächsten einer Gesellschaft schadet. Da ist dann das Eingreifen des Staates sinnvoll.

Der Staat sollte aber lediglich Marktergebnisse korrigieren und bitte nicht Marktmechanismen beeinflussen. Ein einfaches Beispiel sind die Sonderabschreibungen für Immobilien damals in den neuen Bundesländern. Es hat kein Jahr gedauert, da waren die Steuervorteile im Markt eingepreist. Man muss sich darüber im Klaren sein, dass ein Eingreifen des Staates zu Anpassungsmechanismen im Markt führt. Zumindest die Marktmechanismen selbst sollte man daher in Ruhe lassen.

DEUTSCHLANDS
TRADITIONSREICHE
FAMILIENUNTERNEHMEN

DAMIT DIE FREIHEITLICHE WIRTSCHAFT ERHALTEN BLEIBT

Friedrich von Metzler
Partner des Bankhauses B. Metzler seel. Sohn & Co. KGaA

Wie erleben Sie die aktuelle Krise, und wie geht Ihr Haus damit um?
Die Finanz- und Wirtschaftskrise war dramatisch, auch wenn wir als Bank nur mittelbar betroffen waren, weil wir weder für Kunden noch für uns selbst in toxische Papiere investiert haben. Wir haben dennoch tagelang den Atem angehalten. Allerdings wird es immer wieder Krisen geben, solange es Kapitalmärkte gibt. Die Märkte übertreiben hin und wieder in beide Richtungen: nach oben oder auch nach unten. Glücklicherweise haben die Regierungen und Zentralbanken schnell und effizient gehandelt. Wir haben bereits 2005 unter Bezugnahme auf Analysen der Bank für Internationalen Zahlungsverkehr (BIZ) vor einer drohenden Krise gewarnt; doch da wir weder Zertifikate emittiert noch verkauft haben oder Aktieneigenhandel betreiben, sind sowohl unsere Kunden als auch wir unbeschadet durch die Krise gekommen. Wir haben auch keine Veranlassung, für die Zukunft etwas zu ändern: Der gesunde Menschenverstand wird bei uns immer neben mathematisch basierten Risikomodellen eingeschaltet sein.

Stehen Sie mit den Banken, die im Rahmen der Krise untergehen mussten, noch in Kontakt? Wie hat sich das auf Ihr Haus ausgewirkt?
In Deutschland wurden die Banken in Not aufgefangen – vom Staat oder von anderen Häusern. Man wird sie weiter-

führen oder abwickeln oder mit anderen Instituten fusionieren. Insofern ist man der Krise sehr gut begegnet. Man hätte auch Lehman nicht pleitegehen lassen dürfen. Das weiß man heute. Denn die Kosten durch die Pleite sind letztendlich viel höher geworden, als wenn man Lehman gerettet hätte. Bei uns in Deutschland sieht es etwas anders aus. Wir bei Metzler sind natürlich mit all unseren Geschäftspartnern weiter im Geschäft. Wir mussten unser Geschäftsmodell nicht verändern. Da wir unseren Privatkunden bestimmte Produkte nicht verkauft haben, stehen sie besser da als viele andere Anleger. Natürlich haben sich auch die Vermögen unserer Kunden analog zum Kursverfall an den Aktienbörsen verringert. Glücklicherweise ist die Qualität unserer Aktienanlagen aber so gut, dass wir mit großer Sicherheit sagen können: „Sie werden Ihre Werte wieder zurückbekommen." Die Erfahrungen aus der Vergangenheit haben gezeigt, dass der langfristige Horizont bei der Geldanlage der kurzfristigen Jagd nach Rendite deutlich überlegen ist.

Ihre Bank hat 335 Jahre Historie, Sie vertreten die elfte Generation. Ihre Bank wird von bestimmten Werten geprägt: Unabhängigkeit, Unternehmergeist und Menschlichkeit. Drei sehr prägnante Vokabeln. Wie haben Sie diese Werte ausgesucht? Haben sie sich über die Zeit verändert?

Diese Werte haben wir natürlich vor 300 Jahren noch nicht so formuliert, aber wir haben sie gelebt. Unabhängigkeit ist wichtig, damit wir den Kunden unabhängig beraten können, und zwar nach seinen Bedürfnissen. Das ist ein ganz wichtiges Thema hier in unserem Haus. Zweitens: Unternehmergeist. Wir haben viele Bankiers mit Leidenschaft hier im Haus, die an ihrem Arbeitsplatz unternehmerisch denken. Darüber hinaus wollen wir auch menschlich mit den Kunden und den Kollegen, den Mitarbeitern, umgehen. Banking ist zuallererst „people's business" und dann erst Mathematik. Wir behalten unsere Werte auch weiterhin. Sie haben sich bewährt.

Haben Sie das Gefühl, dass sich in den vergangenen Jahren die Werte am Markt, die Erwartungen der Kunden und Mitarbeiter verändert haben?
Wenn ich für unser Haus spreche: Nein, das war immer ähnlich. Man hat vor der Finanzkrise allgemein kurzfristiger gedacht, das möchte ich nicht ausschließen. Das war aber nie unser Stil, deshalb haben wir besonders darauf achten müssen, dass die Kunden auch zu uns passen. Oder dass wir die Kunden davon überzeugen können, dass wir sie richtig beraten.

Was braucht die Deutschland AG an Führungspersönlichkeiten und auch an Werten für die Zukunft?
Wenn Sie unter Deutschland AG verstehen, dass es früher diese vielfachen Überkreuzverflechtungen gab, dann wollten wir ja alle, dass die aufgelöst werden. Das Netz der Deutschland AG war vielleicht notwendig nach dem Krieg. Doch im Laufe der Zeit setzte sich die Meinung durch, dass diese Überkreuzbeteiligungen – die dazu dienten, „befreundeten" Firmen Kapital zu verschaffen – volkswirtschaftlich nicht gesund sind. Bestes Beispiel vor Ort

war die Gründung der Deutschen Börse AG. Sie wissen, dass ich mich damals besonders dafür eingesetzt habe, dass sie ein unabhängiges Unternehmen wurde. Das war nicht immer einfach, da gab es viele verschiedene Einzelinteressen. Doch Sie sehen ja, sie hat sich hervorragend entwickelt.

Ihr Haus braucht die Staatshilfe nicht – wie sehen Sie die Beteiligung des Staates in der Unternehmenslandschaft?

Wenn eine Krise von solchem Ausmaß kommt, ist es sehr wichtig, dass Staat und Notenbanken schnell handeln. Und sie haben hervorragend gehandelt. Wie schnell die Hilfsmaßnahmen durch die Regierung, durch Bundestag und Bundesrat gebracht wurden, das hat mich beeindruckt, da habe ich Frau Merkel meine große Hochachtung ausgesprochen. Aber auch Herrn Steinbrück und all die anderen haben hervorragend gehandelt, ebenso die Europäische Zentralbank und die Bundesbank. Ja, es gab auch einige private Unternehmer und andere Banken, die richtig gehandelt haben. Ich finde das ungeheuer notwendig, dass man gemeinsam an einem Strang zieht. Und was die Staatshilfe betrifft: Der eine braucht's, der andere nicht. Da sollte es keinen falschen Stolz geben. Im Notfall sollte die Staatshilfe angenommen werden, denn es ist für alle wichtig, dass Unternehmen weitergeführt werden können.

Welche Werte würden Sie sich jetzt in Deutschland für die gesamte Wirtschaft wünschen?

Diese Situation darf nicht dazu führen, dass langfristig die Freiheit der Wirtschaft eingeengt wird. Der Staat musste vorübergehend helfen. Das war wichtig und das wurde gut gemacht. Ich hoffe, dass die staatlichen Beteiligungen später jeweils mit Gewinn wieder abgegeben werden können.

Es interessiert mich, wie Sie die Zukunft Ihres Hauses sehen. Was wünschen Sie sich? Welche Entwicklungsziele haben Sie für die Bank?

Wir wollen die Bank weiterhin Schritt für Schritt entwickeln und aus eigener Kraft weiter wachsen. Wir haben seit jeher eine langfristige Strategie: sowohl für unser Haus als auch für unsere Kunden. Deshalb sind die Kunden sicher auch von schwankenden Wertpapierkursen betroffen – aber ihr Vermögen ist so diversifiziert, dass sie keine Totalverluste erleiden und auch in einer Krise immer handlungsfähig sind. Das ist das Ziel unseres langfristigen strategischen Ansatzes. An dieser Stelle erkennt man die Qualität.

Wir stehen auch zur Aktie als Anlageinstrument und propagieren seit jeher das Aktiensparen. Das sollte populärer werden. Die Deutschen sind da leider traditionell sehr skeptisch und schätzen Aktien als riskant ein. Die Geschichte zeigt das Gegenteil. Langfristig sind Aktien als Geldanlage unverzichtbar: Wer 1948 in den Dax investiert hatte, konnte bis heute eine durchschnittliche jährliche Rendite von 11,1 Prozent erzielen. Das ist hervorragend. Egal, welche Schwankungen es zwischendurch gab. Wer allerdings erst vor zwei oder drei Jahren eingestiegen ist, muss momentan eine Durststrecke überwinden. In Aktien, Renten und Cash die richtige Streuung über Ländergrenzen und Branchen zu erreichen ist harte Arbeit und uns Herausforderung genug. Dass die Bankgeschäfte in der jüngsten Vergangenheit ruhiger liefen, hat uns natürlich indirekt ebenfalls betroffen, aber letztendlich hat sich unsere Strategie in den schweren Zeiten sehr gut bewährt. Das alleine zählt.

ES GIBT WERTE, DIE FÜR MICH GESETZT SIND

Dr. Brigitte Mohn
Vorstandsmitglied Bertelsmann Stiftung

Welche Rolle kommt Unternehmen neben dem betriebswirtschaftlichen Aspekt zu? Worin liegt die gesellschaftliche Verantwortung?

Die gesellschaftliche Verantwortung spielt sich auf unterschiedlichen Ebenen ab. Grundlage ist zunächst, dass die Unternehmen der Gesellschaft durch das Grundgesetz verpflichtet sind. Weiterhin sollte ein Unternehmen in seinen Arbeitsprozessen und mit seinen Produkten und Dienstleistungen einen gesellschaftlichen Mehrwert schaffen, was sicherlich bei den meisten Unternehmen der Fall ist. Über diese unmittelbaren Aktivitäten hinaus trägt ein Unternehmen sowohl eine hohe Verantwortung den Mitarbeitern gegenüber als auch den Menschen in einer Region und in einer Stadt. Mitarbeiter von Unternehmen haben ein soziales Umfeld, ein soziales Leben und ein Privatleben.

Gerade kleinen und mittelständischen Unternehmen kommt in den Kommunen eine ganz starke Vorbildfunktion zu, wenn es darum geht, die Familien in dem Umfeld eines Unternehmens mit einzubeziehen. Beispielsweise kann ein Unternehmen sich in politischen Dingen in der Stadt engagieren, ehrenamtliche Funktionen übernehmen oder einfach nur geschätzt werden als ein Unternehmen, das Arbeitsplätze in der Region schafft. Viele der Unternehmer engagieren sich darüber hinaus für ihre Stadt, für die Kommunen, für Vereine oder Gruppen. Das heißt, sie haben damit auch eine sehr wichtige soziale Funktion. Selbst global tätige Unternehmen mit Niederlassungen in verschiedenen Ländern haben in ihrem lokalen Kontext eine starke Verankerung, die – so glaube ich – manchmal unterschätzt wird.

Unsere soziale Verantwortung als globales Unternehmen beschränkt sich also nicht bloß auf die Mitarbeiter. Gerade in der Außenfunktion in der Region, im sozialen Zusammenleben spielen Unternehmen eine ganz zentrale Rolle. Dies zeigt sich gerade dann, wenn ein Unternehmen droht, in die Insolvenz zu gehen, dann fragt sich eine ganze Stadt: Was machen wir jetzt? Wie geht es jetzt weiter?

Welche Werte sind Ihnen persönlich wichtig und welche spielen im Umgang mit Ihren Mitarbeitern eine wichtige Rolle?
Es gibt Werte, die für mich gesetzt sind. Fairness ist für mich ganz wichtig, eine Form von Aufrichtigkeit und Ehrlichkeit halte ich für unabdingbar. Im Unternehmen sind für mich Disziplin und Leistungsbereitschaft maßgebliche Werte. Loyalität ist ein ganz hoher Wert. Auch in den USA gibt es schon Unternehmen, die trotz einer guten Performance Führungskräfte freistellen, weil berechtigte Zweifel an der Loyalität der Person aufgetreten sind. In diesem Fall halte ich ein solches Vorgehen für richtig. Ein für mich ganz hoher Wert ist es, Freiräume zu schaffen, den Leuten eine gewisse Form von Eigenverantwortung an der Leistungsfähigkeit des

 Unternehmens in die Hand zu geben und damit auch eine Identifikation mit der Leistung des Unternehmens zu schaffen. Ein weiteres Thema, dem aus meiner Sicht eine essentielle Rolle zukommt, ist Teamfähigkeit.

War das auch ein Problem der vergangenen Jahre in der Wirtschaft, dass man „Hochleistungssportler" herangezogen hat und an die Spitzen gestellt hat, die in gewisser Weise sehr egoistisch sein mussten und so kein Team hinter sich bringen konnten?
Ja, in gewisser Weise schon, weil ich glaube, dass soziale Kompetenz – sagen wir mal unternehmerische Verantwortung im weiter gefassten Sinne – an den Eliteschulen nicht gelehrt wird, sondern wirklich nur die reine Leistungsfähigkeit, also die reine Performance. Und das alleine macht aus meiner Sicht noch keine guten Manager oder einen guten Unternehmer aus – es muss die fachliche Kompetenz mit sozialer und moralischer Integrität einhergehen. Börsenorientierte Unternehmen sind gewissermaßen auf kurzfristige Erfolge angewiesen, auf Quartalszahlen, den Aktienkurs. Dennoch bin ich davon überzeugt, dass das alleine den Wert eines Unternehmens nicht ausmacht und auch nicht den Unternehmenserfolg. Ich glaube, dass man sich vor Augen halten muss, dass man es ohne die Hunderte oder Tausende Köpfe, die in diesen Firmen sitzen, nie alleine schaffen würde, sondern man genau auf den Erfolg der Mitarbeiter angewiesen ist. Wenn die Unternehmensführung das versteht, entsteht im positiven Sinne eine Form von Demut für den Erfolg. Das ist nicht mehr „ich bin erfolgreich", sondern „wir sind erfolgreich".

Weder die Ursachen für die Finanzkrise noch jene für exorbitante Prämien wurden meiner Meinung nach ausreichend aufgearbeitet. Sobald sich die Lage der Weltwirtschaft einigermaßen stabilisiert, werden die Leute mit genau diesem Fehlverhalten wieder in entsprechende verantwortliche Funktionen gesetzt. Sie haben also nichts gelernt. Falsche Anreize und Prämien werden sich kaum verändert haben. Um auf die Ausgangsfrage zurückzukommen, würde ich sagen, dass es eine massive Verschiebung in unserem Wertesystem gegeben hat: Die Individualisierung von Erfolg und die Sozialisierung von Misserfolg ist aus meiner Sicht nicht unbedingt eine positive Entwicklung.

Was sehen Sie aus der Stiftung heraus als größtes gesellschaftliches Problem und wie planen Sie das anzugehen?
Wir sind in mehreren Feldern unterwegs, aber inhaltlich ist ein ganz großer Schwerpunkt das Thema Bildung und Heterogenität. Also wie kann ich jedem Menschen einen Weg zur Bildung zugänglich machen – gekoppelt mit einem gewissen Qualitätsanspruch. Und gerade in einem sehr föderalistischen, diversifizierten System, wie wir das hier haben, wo es keine einheitlichen Standards gibt, glaube ich, ist das eine echte Herausforderung. Insbesondere unter dem Thema Migranten: Wie kann ich einkommensschwache oder nicht so starke soziale Gruppen in unser hiesiges Bildungssystem fair integrieren? Wie kriegen wir zum Beispiel Abiturienten- oder Studienzahlen erhöht? Wie können wir ein relativ hohes Ausbildungsniveau über einen zweiten Bildungsweg garantieren? In diesem Bereich

 muss noch sehr viel passieren und ich würde mir in Deutschland mehr Offenheit für diese Diskussion wünschen. Wir müssen uns darüber klar werden, was wir eigentlich mit der Bildung erreichen wollen.

Das zweite Thema, dass wir von der Stiftung aus angehen, ist die Gesundheit, weil das Thema Gesundheit ganz stark demografisch abhängig ist. Die Menschen, die sozial schwach sind, haben in der Regel auch höhere gesundheitliche Probleme und verursachen mehr Kosten. Hinzu kommt der demografische Wandel: eine immer älter werdende Bevölkerung, die länger lebt, aber trotzdem irgendwann pflegebedürftig wird. Irgendwo müssen sie alle versorgt werden. Unsere Städte und Kommunen sind überhaupt nicht darauf eingestellt. Da wird es noch ganz viel Handlungsbedarf geben, und das wird aus meiner Sicht noch ein großes Thema. Übergeordnet eigentlich für alles, ist das Thema Qualität und Transparenz relevant.

In Produkten, in Services?
In allem. Nur dadurch bekommt man eine Vergleichbarkeit von Leistungen, ein Preis-/Leistungs-Verhältnis und letztendlich so etwas wie einen natürlichen Wettbewerb hin, der gute Ansätze stärkt und Qualitätsentwicklung fördert. Daran müssen wir in allen Bereichen arbeiten. Das sehen wir sowohl im Bildungswesen als auch im Gesundheitswesen und im gemeinnützigen Sektor. Die Notwendigkeit von Transparenz und auch die ermöglichenden Rahmenbedingungen variieren allerdings zwischen diesen

verschiedenen Feldern. So haben wir zum Teil noch gar keine Daten, um einen Vergleich durchzuführen, oder es fehlt ein methodisches Grundverständnis für Analysen oder es gibt ein kulturell anderes Verständnis zu Transparenz.

Welche Werte braucht die deutsche Wirtschaft aus Ihrer Sicht?
Wir brauchen ein grundsätzlich neues ethisches Verständnis von Business Practice. Ich glaube, dass wir zu den Grundwerten zurückkehren müssen, die übertragbar sind auf die Wirtschaft, in das normale Wirtschaftsleben. Ich finde, dass es eine andere Form von globaler wirtschaftlicher Ethik geben muss, die nicht auf ein Unternehmen oder auf einen regional nationalen Markt zu beschränken ist. Eine Schlüsselfrage für einzelne Führungspersonen, die es zu beantworten gilt, lautet: „Was heißt denn Good Governance im weitesten Sinne?“ Und das hat sehr viel mit ethischem Verständnis zu tun. Eine solche Frage lässt sich aber sicher auch nicht losgelöst von unserem Finanzsystem beantworten. Ich glaube, gerade zu diesem Thema müssten wir eine intensive Diskussion führen.

Von wem sollte diese Diskussion denn geführt werden. Also eine neue Wertediskussion?
Das ist eine ganz spannende Frage. Ich denke, es muss so etwas wie einen zivilgesellschaftlichen Diskurs geben, also eine Bürgerdiskussion zu verschiedenen Themen. Sehr hilfreich wäre es zudem, wenn die Politik eine solche Diskussion auf konstruktive Weise, parteiunabhängig, begleitet und wenn Politiker dabei eine gewisse Vorbildfunktion

einnehmen. Es gibt zahlreiche Gruppen, die einen Beitrag zu einem solchen Diskurs leisten könnten, allen voran die Bürger unseres Landes, Wirtschaft, Politik, aber auch die Kirche als weltweit größte Organisation. Letztlich wäre eine solche Diskussion aber nicht nur ein Bemühen um eine allgemeingültige Definition der Good Governance, sondern auch ein Appell an alle Beteiligten, sich Gedanken darüber zu machen, woran wir glauben und was unsere Überzeugungen sind.

EINSICHT IST DER ERSTE WEG ZUR BESSERUNG

Dr. Arend Oetker
Geschäftsführender Gesellschafter der Dr. Arend Oetker Holding GmbH & Co. KG

Wie schaffen und sichern Sie das Vertrauen der Kunden?
Das Vertrauen der Kunden kann ein Unternehmen nur erhalten, wenn es die Qualität hochhält – auch in wirtschaftlich turbulenten Zeiten. Das ist der Punkt, an dem gerade ein Markenartikler nicht sparen kann. Die Qualität darf unter keinen Umständen leiden. Schließlich ist das Vertrauen der Kunden in Jahrzehnten aufgebaut worden, es stellt einen langfristigen Wert dar, den es auch in Krisen zu verteidigen gilt.

Was natürlich nicht heißt, dass an den Unternehmen, an denen ich beteiligt bin, wie die Hero AG, die Konjunktur spurlos vorübergeht. Auch wir müssen während der weltweiten Finanz- und Wirtschaftskrise die Kosten reduzieren und die Belegschaft in einigen Bereichen verkleinern. Es gab in unserem Haus Produkte, bei denen der Absatz um 20 Prozent eingebrochen war; in solchen Fällen bleibt auch uns nichts anderes übrig, als Kurzarbeit einzuführen oder Mitarbeiter zu entlassen.

Wie teilen sie Ihren Arbeitnehmern solche Entscheidungen mit?
Gerade in der Krise ist Kommunikation ungemein wichtig. Es reicht nicht, sich vor die Belegschaft zu stellen und zu

 verkünden, dass ab sofort Kurzarbeit eingeführt wird. Mitarbeiter haben ein Recht darauf, dass ihre Fragen beantwortet werden. Menschen, die ihren Arbeitsplatz bedroht sehen, wollen zum Beispiel wissen, warum gerade sie entlassen werden sollen. Oder warum in der Abteilung Forschung und Entwicklung mit der gleichen Mannstärke weitergearbeitet wird wie vor der Krise. Auf diese Fragen muss das Management eingehen, es muss die Rahmenbedingungen und die eigenen Prioritäten klarstellen. Die Führung sollte zum Beispiel erklären, dass nur die Forschung und Entwicklung die Marktstellung der Zukunft sichert und Entlassungen in diesem Bereich deshalb keine Option sind. Schwere Entscheidungen wie etwa über Entlassungen müssen grundsätzlich gemeinsam mit den Betriebsräten, den Abteilungen und letztlich auch mit den Arbeitnehmern durchdacht werden. Und wenn ein Beschluss gefasst wurde, geht es in einem zweiten Schritt darum, allen Beteiligten die Gründe dafür zu vermitteln. Denn gerade in der Krise gilt: Management muss nachvollziehbar sein.

Wer übernimmt bei Ihnen diese Aufgabe?

Krisenkommunikation ist ganz klar eine Aufgabe für den ersten Mann oder die erste Frau im Unternehmen. Ich muss jeden mitnehmen und sagen „wir machen jetzt Kurzarbeit“. Schwere Entscheidungen zu kommunizieren lässt sich nicht wegdelegieren, und wer es trotzdem tut, provoziert Missverständnisse, die sich durch die ganze Hierarchiekette hindurch fortpflanzen. Ich gebe Ihnen ein Beispiel: Am Montag verkündet der Vorstand eines Unternehmens, eines seiner Werke in Deutschland und Frankreich zu schließen – aber in der Aufsichtsratssitzung am Freitag zuvor wurde die Entscheidung überhaupt nicht angesprochen. Die Folge dieses Überraschungscoups: Die Nachricht verbreitet sich blitzschnell und unkoordiniert, erreicht erst Frau Merkel, dann Herrn Sarkozy, und innerhalb kurzer Zeit sind die Franzosen auf den Barrikaden. Das ist ein typisches Beispiel für Fehlkommunikation, die sich kein Unternehmen leisten kann.

Welche Rolle spielen Werte im Umgang mit Ihren Kunden, etwa den Handelsketten?

Das Verhältnis zu den Kunden hat sich während der Krise stark verändert. In vielen Märkten gab es Probleme, etwa in der Türkei, aber auch in Deutschland. In Russland verzögerten die Kunden ihre Zahlungen immer mehr oder zahlten gar nicht. Dort brach der Markt teilweise dramatisch ein. Auch in solchen Situationen ist nachhaltiges Handeln gefragt. Auf einmal mussten wir uns Fragen stellen wie: Kann ich den Kunden irgendwie stützen? Welche Hilfsmaßnahmen sind möglich? Solche Punkte standen in früheren Zeiten nicht auf der Unternehmeragenda.

Wer ist der Wertehüter in Ihrem Haus?

Darauf kann es aus meiner Sicht nur eine Antwort geben: Der Unternehmer selbst ist dafür verantwortlich, dass Werte auch gelebt werden. Das muss einfach von oben kommen. Und ich denke, diese Werteverbundenheit spüren die Kunden am Ende auch, sonst hätten sie uns nicht so lange die Treue gehalten.

Gab es schon einmal einen Moment, in dem das Vertrauen der Kunden in Gefahr war?
Vertrauenskrisen gibt es immer wieder. In solchen Situationen ist es vor allem wichtig, dass der Verursacher seinen Fehler eingesteht und ihn nicht verteidigt. Uneinsichtigkeit ist das Schlimmste: Sie produziert Schäden, die sich später nicht mehr reparieren lassen. Das alte Sprichwort stimmt einfach: Einsicht ist der erste Weg zur Besserung. Erst wenn diese Einsicht da ist, kann der zweite Schritt folgen, die Wiedergutmachung. Das Unternehmen muss sich fragen, wie es den Schaden begrenzen oder kompensieren kann. Wie kann den Betroffenen geholfen werden? Das Unternehmen muss dem Kunden überzeugt darlegen, dass es alles tut, um sein Vertrauen zurückzugewinnen. Eine echte Vertrauenskrise lässt sich nur durch großen persönlichen Einsatz überwinden, seitens der Führungskräfte oder derjenigen Person, die den Fehler gemacht hat. Es geht darum, dass das Unternehmen als Ganzes und der einzelne Mitarbeiter Verantwortung übernehmen.

Gibt es einen Zusammenhang zwischen dem Erfolg eines Unternehmens und dem Vertrauen der Kunden?
Unbedingt. Der Kunde verweigert schlichtweg den Konsum, wenn er der Marke nicht mehr vertraut. Das stellt den Unternehmenserfolg sofort in Frage. Ohne das Vertrauen der Kunden steht die Wirtschaft still – nicht zuletzt die

Finanzkrise hat das eindrücklich gezeigt. Sie war ja in erster Linie eine Vertrauenskrise: Eine Zeitlang bestand die Gefahr, dass die Konsumenten sogar ihren Glauben an die eigene Währung verlieren könnten. Selbst heute ist das Vertrauen der Menschen in die handelnden Personen des Wirtschaftslebens, etwa Banker, immer noch erschüttert. Es ist verständlich, dass in dieser Lage der Staat als höchster Träger des Vertrauens angerufen wird – eine Lösung auf Dauer kann das zusätzliche Engagement der öffentlichen Hand in der Wirtschaft jedoch nicht sein. Denn so entsteht eine Staatswirtschaft, die weder das Vertrauen der Konsumenten noch die Nachfrage wiederherstellt. Der Staat kann immer nur für geeignete Rahmenbedingungen sorgen.

KLARE SPIELREGELN FÜR ALLE BETEILIGTEN

Dr. Michael Otto
Aufsichtsratsvorsitzender der Otto Group

Welche Rolle sehen Sie für sich als Unternehmen in der Gesellschaft?

Es ist meine Überzeugung, dass nur jene Unternehmen solide für die Zukunft aufgestellt sind, die ökonomisch erfolgreich sind und zugleich gesellschaftlich verantwortungsbewusst handeln. Verantwortungsbewusstes Handeln der Wirtschaft für die Gesellschaft umfasst aus meiner Sicht den fairen Umgang mit Mitarbeitern auch in Dritte-Welt-Ländern, die ressourcenschonende Produktion von Waren und das bürgerschaftliche Engagement. Außerdem finde ich es wichtig, als Unternehmer nicht nur finanzielle Mittel für Projekte zu geben, sondern auch durch persönliches Engagement wichtige soziale, gesellschafts- und umweltpolitische Vorhaben voranzubringen.

Welche Werte sind Ihnen persönlich wichtig und welche spielen in Ihrem Unternehmen eine wichtige Rolle?

Integrität, Glaubwürdigkeit und Verlässlichkeit sind Werte, die mir persönlich sehr wichtig sind. Soziales Engagement, Umweltschutz und ein faires Miteinander halte ich darüber hinaus für die tragenden Säulen unserer Gesellschaft. Bei uns finden sich diese Werte in vielfacher Weise wieder. Die Otto Group steht für Tradition, Kontinuität und verantwortliches Unternehmertum, aber auch für Innovation. Diese Werte halte ich für die beste denkbare Basis für ein Unternehmen, insbesondere wenn es darum geht, nachhaltig den Wandel mitzugestalten.

Glauben Sie, dass im ethischen Sinne werteorientiert geführte Unternehmen auf lange Sicht wirtschaftlich erfolgreicher sind?
In manchen Bereichen ist werteorientiertes Handeln die Voraussetzung für den wirtschaftlichen Erfolg. Wer schlecht mit seinen Mitarbeitern umgeht, wird begehrte Fach- und Führungskräfte dauerhaft weder halten noch gewinnen können. Wer in der gesamten Lieferkette nicht sozial und ökologisch verantwortlich handelt, wird die hohen Erwartungen der Kunden enttäuschen. Darüber hinaus muss man sehen, dass der Einsatz ökologisch sinnvoller Verfahren häufig auch ökonomische Vorteile hat. Maßnahmen zur Förderung der Energieeffizienz kosten nicht nur, sondern sparen am Ende auch Geld.

Was das bürgerschaftliche Engagement betrifft, so bin ich der Überzeugung, dass jeder von uns im Rahmen seiner Möglichkeiten einen Beitrag zur Gesellschaft leisten sollte. Nur dann ist sie vital und lebensfähig. Eigentum verpflichtet da in besonderem Maße. Sicherlich hat das bürgerschaftliche Engagement darüber hinaus imagefördernde Aspekte und kann sich deshalb auf Dauer auch ökonomisch auszahlen.

 Haben Mitarbeiter und Kunden heute andere Erwartungen an die Werte Ihres Hauses als in der Vergangenheit?

Viele Menschen konsumieren heute bewusster als früher. Sie erwarten schlicht Produkte, die unter sozial und ökologisch einwandfreien Bedingungen hergestellt wurden. Ob sie dafür bereit sind, auch einen höheren Preis zu zahlen, steht auf einem anderen Blatt. Insofern sind die Erwartungen der Kunden an uns auch im ökologischen und sozialen Sinne gestiegen. Darüber hinaus haben das Fehlverhalten mancher Manager und die Verfehlungen, die in die Finanz- und Wirtschaftskrise gemündet haben, zu höheren Ansprüchen gegenüber den Unternehmen geführt. Die Öffentlichkeit, aber auch die Mitarbeiter fordern heute deutlich stärker ein, dass Unternehmen glaubhaft handeln und den einmal gegebenen Worten auch Taten folgen.

Wie viel staatlicher Einfluss ist aus Ihrer Sicht sinnvoll? Sollte er aktuell größer sein? Falls ja, in welchen Bereichen?

Das Finanzsystem ist aus den Fugen geraten und hat die gesamte Wirtschaft mit in die Tiefe gezogen. Wir sollten diese Krise nutzen, um internationale Regeln festzulegen, damit so etwas nicht wieder passiert. Es ist wichtig, dass die auf dem internationalen Finanzgipfel geschlossenen Vereinbarungen auch umgesetzt werden. Ich hielte darüber hinaus eine Art TÜV für Finanzprodukte für sinnvoll. Eine unabhängige Instanz sollte kontrollieren, ob es sich bei Finanzprodukten um reine Kasino-Produkte handelt, und diese dann gegebenenfalls nicht zulassen. Ich gebe aber zu, dass die Umsetzung dieser Idee nicht einfach ist.

Welche Werte braucht die deutsche Wirtschaft aus Ihrer Sicht, um zum einen nachhaltig wirtschaftlich erfolgreich zu sein und zum anderen auch eine positive Kultur zu schaffen und zu fördern?
Was insbesondere die deutsche Wirtschaft aus meiner Sicht braucht, ist eine Rückbesinnung auf die Werte der sozialen Marktwirtschaft mit klaren Spielregeln für alle Beteiligten. Die Unternehmer dürfen nicht nur an ihre Freiheit denken, sondern müssen sich auch ihrer Verantwortung für die Gesellschaft und für die Umwelt bewusst sein. Dies ist sicherlich nicht immer einfach, besonders bei börsennotierten Unternehmen, bei denen häufig ein starker, kurzfristiger Shareholder-Value-Druck besteht, denn wenn man nachhaltig gestalten will, braucht man nicht nur Entschlossenheit, sondern auch die unternehmerische Freiheit, langfristig zu denken und zu handeln.

WENIGER IST OFT MEHR

Innegrit Volkhardt
Geschäftsführerin Bayerischer Hof

Welche Rolle sehen Sie für sich als Unternehmen neben dem Betriebswirtschaftlichen, also in der Gesellschaft?
Unser Haus ist insbesondere für die Münchner ein Ort der Begegnungen. Wir richten, unter anderem auch für viele Kunden, diverse politische und gesellschaftliche Dialoge aus und sorgen dadurch auch in gewisser Weise für einen offenen, konstruktiven Diskurs rund um Werte und Führungsfragen.

Haben sich die Werte über die Zeit verändert?
Ja. Unsere Kunden erwarten insbesondere auch nochmals verstärkt durch die Wirtschaftskrise Dinge, die in der Vergangenheit nie in die Diskussion gekommen sind. Sie fangen an zu verhandeln, ohne plausible Erklärung den Preis zu drücken, dies natürlich selbstverständlich für das gleiche Produkt und die gleiche Dienstleistung. Das ist in einer sehr kostenintensiven Branche, in der auch die Erwartungen an eine kontinuierliche Verbesserung des Gebotenen bestehen, besonders schwierig. Leider hat der Umgang untereinander hier vielfach gelitten.

Die Frage ist dann, wie wichtig sind einem die eigenen Werte als Unternehmen, wie offen will man sein? Ich glaube nicht, dass es ein gutes Bild macht, wenn ich dem Kunden heute ein Produkt für 100 Euro verkaufe, das ich vor drei Monaten oder einem halben Jahr noch für 300 Euro verkauft habe. Das ist ein Thema der Glaubwürdigkeit. Es wird wahrscheinlich kaum in einer anderen Branche so viel „Flexibilität“ erwartet wie in unserer. Leider lassen einige Unternehmen zurzeit entsprechend mit sich umgehen, was den Markt nochmals schwieriger macht.

Besteht denn da ein gegenseitiges Verständnis in der Branche, indem man sagt, wir machen uns jetzt nicht gegenseitig kaputt?
Nur bedingt. Es hat natürlich jeder einen anderen Background und wir haben das Glück, dass wir ein Familienunternehmen sind und wir für uns selbst unser wirtschaftliches Umfeld geschaffen haben und entscheiden können, wie abhängig wir sind, in solch eine Richtung mitzugehen oder nicht. Große Ketten haben natürlich das Problem, dass sie in einer ganz anderen Verpflichtung leben und der einzelne Betrieb oft nicht mehr wirklich viel selbst entscheiden kann. Der Einzelne hat oft keinen Spielraum mehr und kann durch den wirtschaftlichen Druck nur noch um sein Überleben kämpfen. Ob ich als Unternehmen dann meine Werte konsequent leben kann, hat dann damit zu tun, wie abhängig ich von meinem Umfeld bin und welchen Rahmenbedingungen ich mein Geschäft aussetze. Das Vertrauen in das Unternehmen, das mit das wichtigste Gut ist, gerät durch fehlendes Leben der eigentlich richtigen Wertevorstellungen in größte Gefahr.

Sie hatten bereits erwähnt, dass sich die Werte über die Zeit verändert haben. Ist das ein Generationsthema?

Ja, das ist ein Generationsthema, der aktuelle Wertewandel hat aber, meine ich, schon in der vorherigen Generation begonnen. Zuverlässigkeit heißt für mich, dass mein Versprechen und mein Einsatz von gestern auch noch heute Bestand haben. Das wird leider oft nicht mehr so gelebt, auch in Partnerschaften sieht man oft, dass Werte wie Treue, Zusammengehörigkeit und Verlässlichkeit einen immer geringeren Stellenwert haben. So ist heute zum Beispiel auch die dritte Ehe noch zu rechtfertigen und eigentlich schon fast Normalität und wird uns vorgelebt vom Politiker bis zu sonstigen öffentlichen Persönlichkeiten. Somit glaube ich, dass für unsere Generation vieles schon selbstverständlich, nicht mehr anders gekannt ist.

Was hat das für Konsequenzen?

Von meiner Seite aus ein verstärktes Misstrauen. Ich bin mein Leben lang einen geraden Weg gegangen. Das liegt aber auch daran, dass ich das Glück habe, mehr oder weniger in finanzieller Unabhängigkeit zu leben und es mir auch leisten kann, diesen Weg zu gehen, das Glück habe, so erzogen zu sein, dass nicht materielle Dinge im Vordergrund meines Lebens stehen, sondern die Erfüllung durch das Leben selbst.

Glauben Sie, dass das auch teilweise mit zu der Krise beigetragen hat?

Zu der Krise haben meiner Meinung nach auf alle Fälle fehlende Werte, so auch die Gier des Menschen, beigetragen.

Gier in zweierlei Hinsicht. Einmal monetär und natürlich auch gesellschaftlich. Immer mehr Posten zu beanspruchen, dadurch immer weniger Transparenz zu gewähren. Oftmals wenig zu verstehen von dem, was man tut, weil man überall ein bisschen dabei ist und damit auch alleine zeitlich zum Beispiel Beratungs- oder Kontrollfunktionen nicht mehr wirklich gewissenhaft ausüben kann. In der Finanzkrise hat der Unternehmer oder Kleinanleger jemandem, zum Beispiel den Bankern oder Anlageberatern, vertraut, dieser hat möglicherweise aus Zeitmangel, aus Desinteresse oder Provisionsgedanken sein Gegenüber nicht gewissenhaft eingeschätzt. Viele Banker interessierte es nicht, ob der Kunde sein Geld, weil mühsam erarbeitet oder erspart, besonders sicher anlegen möchte, oder ob, weil gewünscht, ein hohes Risiko in Kauf genommen werden kann.

Es ging eben oftmals nur noch darum, viel Geld zu verdienen. Nicht mehr darum, sich im Detail mit dem Kunden oder der Sache zu beschäftigen. Erst kürzlich wurde ich im Kreise diverser Unternehmer von Vorständen einer renommierten Bank zu einer Informationsveranstaltung eingeladen. Hier mussten wir uns doch tatsächlich mit der Aussage konfrontieren lassen, wir wären originär Schuld an der Krise, „wollten es ja mit unseren enormen Renditevorstellungen nicht anders". Unfassbar.

 Haben Sie das Thema, als Sie Ihre Aufgabe übernommen haben, adressiert?

Ja, relativ frühzeitig. Wir haben gemeinsam mit unseren Bereichsleitern ein gemeinsames Führungsverständnis formuliert und anschließend implementiert. Alle neuen Mitarbeiter bekommen dieses während der Einstiegsphase kommuniziert. Im Alltag spiegelt sich das Ganze innerhalb diverser Bereiche der Human-Resources-Arbeit wider. Auch haben wir für die Bereichsleiter und Abteilungsleiter seit einiger Zeit einen Coach, welcher uns einmal jährlich zu diesem Thema reflektieren hilft, insbesondere dazu, wo wir uns in unseren eigenen Vorhaben verloren haben.

Was, würden Sie sagen, muss sich an den Governance- und Aufsichtsratsstrukturen ändern?

Es fängt damit an, dass einige Menschen zu viele Aufsichtsratsposten bekleiden. Meistens geschieht diese Arbeit nebenbei, neben dem eigentlichen Beruf oder dem Alltag. Diese sollten sich ernsthafter die Frage stellen, „kann ich mir das überhaupt leisten in solch einer übertragenen, anvertrauten Funktion?“ Vielfach sind das ja auch Leute, die beratend oder in Kontrollfunktionen auf Unternehmen Einfluss nehmen – was eigentlich gar nicht in dieser Form gehen sollte. Sich selbst zu kontrollieren ist ein totales „no go“.

Weiterhin besteht meiner Meinung nach oftmals ein Problem darin, wenn Vorstände später in den Aufsichtsrat gehen. Dann herrscht natürlich möglicherweise erstmal viel Ruhe um die Vergangenheit – auch nicht wirklich gut.

Das sind aber alles Dinge, die bekannt sind, die seit langer Zeit als Gefahr dargestellt, aber merkwürdigerweise nie unterbunden werden. Ein Thema, welches eigentlich relativ leicht reglementiert werden könnte, wenn man es nur wollte. Das wird seit zwanzig Jahren schon so geschrieben und diskutiert, jedoch unverändert weitergelebt.

DIE AUFSICHTSORGANE

DER VERSUCH, ZU LEBEN UND LEBEN ZU LASSEN

Dr. Michel Friedman
Anwalt und Journalist

Herr Friedman, machen Sie noch Geschäfte auf Handschlag?
Ich bitte Sie, ich bin Anwalt. Den ganzen Tag bin ich konfrontiert mit Vertrauensbrüchen und gebe Ratschläge, wie man eine Situation vermeiden kann, in der auf Grund der Beweislastfrage Schaden entstanden ist. Ich einige mich und verschriftliche die Dinge.

Welche Werte sind Ihnen persönlich wichtig?
Loyalität, Motivation und der Versuch, zu leben und leben zu lassen. Im Geschäftlichen bedeutet das, Geschäfte so zu gestalten, dass die Partner stets mit einem Lächeln auf das Geschäftsergebnis reagieren. Ich glaube vor allem an die Langfristigkeit von einem guten Namen im Geschäft. Das Langfristige zahlt sich eher aus als die kurzfristige Nummer auf Kosten anderer. Die spricht sich schnell rum.

Zum Geschäftlichen: Welche Rolle sehen Sie für Unternehmen – neben dem Betriebwirtschaftlichen?
Zu allererst einmal sind Unternehmen dafür verantwortlich, dass sie Gewinne erzielen und somit selbständig und ohne Unterstützung der Allgemeinheit in der Lage sind zu existieren. Dieser Anspruch funktioniert allerdings nur, wenn darüber hinaus die Mitarbeiter, die ja letztendlich den Profit erarbeiten, sich in einem Grundverständnis in der Unterneh-

menskultur wiederfinden und diese mit den Grundsätzen der Bundesrepublik Deutschland und ihrer Gesellschaft übereinstimmen. Primär ist das der Respekt vor jedem Menschen. Das schließt automatisch aus, dass es Sklaven- und Hungerlöhne gibt. Das schließt auch aus, dass Menschen unmenschlich ausgebeutet werden, was nicht nur ein finanzielles Thema ist. Es setzt aber voraus, dass es eine Fürsorge- und Treuepflicht für- und zueinander gibt. Übrigens sind das alles Punkte, die mittlerweile in gesetzlichen Modellen eingegossen sind. Diese werden jedoch letztendlich nicht vorwiegend deshalb funktionieren, weil es Rechtsansprüche gibt, sondern weil sie auf einer selbständigen, freiwilligen Ebene aller Beteiligten stattfinden.

Dann gibt es aber noch die Außenwirkung dieser Ethik, die sich wiederum in der sozialen kulturellen Verantwortungsübernahme innerhalb der Gesellschaft zeigt. Aber das ist der letzte Punkt. Ein Unternehmen muss vorwiegend in seiner Innenwelt funktionieren, um den formulierten Ansprüchen zu entsprechen. Das ist die primäre Herausforderung von Wirtschaft.

Aktuell sind die Gewinne vieler Unternehmen eingebrochen und Existenzen bedroht. Was hat aus Ihrer Sicht zur Weltwirtschaftskrise geführt?

Gier, Oberflächlichkeit, mangelnde Qualifikation und mangelnde Reife. Viel zu jung und viel zu früh wurden Menschen mit viel zu wenig Qualifikation in Verantwortung eingesetzt.

 Was sind aus Ihrer Sicht die zentralen Funktionen des Aufsichtsrates oder was sollten sie sein?
Die zentralen Funktionen sollten eine unabhängige Kontrolle sowohl der Personalentscheidungen der Exekutive des Vorstandes als auch des Haushaltsplans sein. Aber bereits in dem Begriff der Unabhängigkeit steckt das Problem: Letztendlich sind Aufsichtsräte Repräsentanten der Kapitalmehrheiten und natürlich nie unabhängig; nie, was sich immer wieder zeigt. Nach meinen Vorstellungen ist der Aufsichtsrat kein echtes, sondern ein subjektives Kontrollorgan mit vielerlei Interessen, die aber nicht notwendigerweise der Kontrolle verpflichtet sind. Der Aufsichtsrat ist ein verknüpftes Netzwerk von Individuen. Nehmen Sie die großen Unternehmen und Finanzinstitute, die ihre Repräsentanten auch in ganz andere Firmen schicken. Daraus ergibt sich wieder ein neues Netzwerk, das über das jeweilige eigene Unternehmen zu kontrollieren ist, hinausragt.

... kleinere Aufsichtsgremien?
Das macht die Sache meist auch nicht besser: Je kleiner, desto eher der Klüngel. Die Größe des Gremiums ist auch nicht mein Thema.

Und was würden Sie an den Regeln zur Formierung und Amtsausübung des Aufsichtsrates ändern?
Da gibt es wirklich eine Doktorarbeit nach der anderen und es ist ein extrem kompliziertes Thema, das man nicht in einer kurzen, oberflächlichen Aussage abhandeln kann. Auf jeden Fall würde ich jedoch die Haftung dramatisch vergrö-

ßern und die Versicherungsmöglichkeit für die Haftung abschaffen. Heute können Sie sich ja als Aufsichtsrat sofort wieder versichern. Das ist letztlich der entscheidende Hebel und das einzige Instrument, auf das die Leute reagieren.

Finden sich mit einem Haftungsrisiko in dieser Dimension überhaupt noch gute Aufsichtsräte?
Ich habe kein Problem damit, die Aufsichtsräte höher zu honorieren; das ist für mich nicht das Thema.

Zur Rolle des Staates: Wie stehen Sie zu den Beteiligungsfällen der vergangenen Monate oder auch denen, die im Gespräch sind?
Wenn man das jetzt nicht ganz ideologisch diskutiert, muss man feststellen, dass das Ergebnis stets das gleiche war – unabhängig davon, ob privates Geld oder der Staat Eigentümer war. Die Landesbanken haben gleichermaßen versagt. Für mich ist die Privatwirtschaft nachvollziehbarer, und der Staat hat mir bisher noch nicht bewiesen, dass er es besser kann. Es gibt keinen Grund, seinen Einfluss in der Privatwirtschaft über das bisherige Maß, das er schon hat, zu erweitern. Ich werde mich jedenfalls immer für die Privaten entscheiden.

Wie steht es mit Karstadt, Opel usw.?
Für Karstadt gab es kein öffentliches Geld.

Richtig so?
Ja, absolut. Ich habe überhaupt kein Problem damit, wenn Unternehmen pleitegehen.

 Und Banken?

Da habe ich auch kein Problem. Der Bankrott der Commerzbank hätte keinesfalls ein Problem ausgelöst wie bei der Hypo Real Estate. Das hat die Bundesregierung letztendlich auch eingestanden. Sie hat stets betont, sie wolle eine zweite Säule gegen die Deutsche Bank in Deutschland haben. Das ist nicht Aufgabe eines Staates. Punkt.

Wie stehen Sie zu der Entwicklung des Bankgeheimnisses?

Mein Handling in der Bank ist eine Spur meines Lebensalltages: meines Konsumverhaltens, meines Reiseverhaltens, meines gesamten Privaten. Es ist für mich ein Eingriff in meine Intimsphäre – und das mag ich überhaupt nicht und sehe es auch nicht ein, warum das irgendeine staatliche Institution etwas angeht. Dort, wo es um kriminelle Handlungen geht, konnte der Staat durch entsprechende Gerichtsbeschlüsse immer an die Daten herankommen, zum Beispiel bei Steuerhinterziehung.

Ich glaube, dass die Frage des Terrors und des Weißwaschens von kriminellem Geld, auch die Assoziation es gehe um die Erkennung von Steuerflüchtlingen, ein Vorwand dafür ist, dass der Staat weitaus mehr Maßnahmen durchsetzt, als er durchsetzen müsste. Und das geht an die Substanz des Bürgers, wo er nach meinem Verständnis weit mehr einen absoluten Schutzraum gegenüber jeder staatlichen Instanz haben muss.

Sie sind Rechtsexperte – wer sollte oder wer ist aktuell dafür zuständig, wie wir miteinander umgehen? Wer definiert die Spielregeln?

Der Markt bestimmt nicht rechtswidriges Verhalten. Es gibt keine Exkulpation für rechtswidriges Verhalten. Zwar gibt es eine Vielzahl von Erklärungsversuchen, aber keine begründbaren Argumente. Das Bespitzeln von Mitarbeitern und Ähnliches sind Dinge, von denen Vorstände und Geschäftsführer wissen, was erlaubt ist und was nicht. Und wer Dinge tut, die nicht erlaubt sind, muss damit rechnen, dass er zur Verantwortung gezogen wird. Das ist das Verständnis eines demokratischen Rechtsstaates. Auch die Rettung des eigenen Betriebes rettet den Betroffenen nicht vor dem Gefängnis, wenn er einen Rechtsbruch begeht. Keine Begründung einer Ideologie rechtfertigt einen Rechtsbruch.

Hat aus Ihrer Sicht ein Wertewandel zwischen Generationen stattgefunden?

Es hat vor allem ein Erfahrungswandel stattgefunden. In den vergangenen zehn Jahren hat eine Generation mit wenig Anstrengung und wenig Engagement zu viel Geld verdient und meint, das sei das Leben.

Inwiefern hat das zu einem Wertewandel geführt?

Der Zusammenbruch der Illusion, die Tatsache von Krise und drohender Arbeitslosigkeit ist gekoppelt mit der ersten Aussage. Da ist ein Prozess im Gange, den man jetzt noch nicht endgültig bewerten kann. Wir stecken noch mitten in dem Prozess und er verläuft noch viel zu unreflektiert.

Der Westen versucht über Sanktionen, den Druck auf den Iran zu erhöhen. Wie sehen Sie die Situation? Welche Rolle spielen Sanktionen?
Wirtschaftssanktionen haben bisher nie etwas genutzt, weil es stets Staaten gab, die diese Sanktionen umgangen haben. Bei den Iranern ist das zum Beispiel China, das energiepolitische Interessen verfolgt. Aber im Iran gibt es eine andere Ebene, auf der man dem Land wirklich wehtun kann, nämlich bei der Lieferung von Benzin. Die Iraner haben zwar einen enormen Export von Öl, aber sie haben nicht die Fähigkeit, im eigenen Land den Energiebedarf selbst zu regeln, und sind daher auf Importe angewiesen. Durch die Verknappung dieser Ressource könnte man in kürzester Zeit einen Großteil der Ökonomie und des Alltagslebens schmerzhaft stilllegen. Selbst Teilimporte aus Ländern wie Russland und China würden keine wesentliche Rolle spielen, da sie eindeutig nicht ausreichen würden.

Das ginge und wäre eine politische Möglichkeit, die übrigens auch von der UN und damit vom Völkerrecht gedeckt sein könnte. Aber es trifft, und das ist das Argument bei Wirtschaftssanktionen, die Bevölkerung. Und gerade am Beispiel Iran sieht man ja, dass ein großer Teil der Bevölkerung, den wir jetzt nicht quantitativ identifizieren können, entschieden gegen dieses Regime und dessen Radikalität ist.

SO KONTROLLIEREN, DASS MAN AUCH VON KONTROLLE SPRECHEN KANN

Steffen Klusmann

Chefredakteur der Financial Times Deutschland

Welche Rolle sehen Sie für sich als Unternehmen in der Gesellschaft?

Medien haben nach wie vor den „alten“ Auftrag der Wächterfunktion. Das, was man gemeinhin als „vierte Gewalt“ bezeichnet. Dies wurde jetzt durch die Finanzmarktkrise wieder offensichtlich, hier sind sämtliche Wächter, zu Beginn leider auch die Medien, ausgefallen. An der Notwendigkeit dieser Rolle ändert das jedoch nichts.

Haben Sie das Gefühl, dass das Thema Krise von den Medien etwas übertrieben oder dramatischer dargestellt wurde? Vielleicht auch aus Eigeninteresse?

Nein. Im Gegenteil. Aus Eigeninteresse müssten wir es eher weniger dramatisch darstellen. Denn viele Medienhäuser leiden extrem unter der Krise. Den einzigen Vorwurf, den wir uns gefallen lassen müssen, ist der, dass wir nicht früh und stark genug vor diesem Desaster gewarnt haben.

Wie unterscheiden Sie sich von der Konkurrenz, was macht Ihr Haus anders oder besser als die anderen?

Auf den ersten Blick ähneln sich die überregionalen Tageszeitungen: Sie haben mehr oder weniger die gleichen Rubriken und auch das Nachrichtenspektrum ähnelt sich natürlich. Der Unterschied liegt in der Aufbereitung, den eigenen gesetzten Themen, dem Tiefgang und der Optik. In der Autoindustrie ist das genauso: Ob Sie einen BMW oder einen Audi kaufen, liegt heute nicht mehr so sehr an der Technik, sondern an Image und Design. Die Technik ist schon fast so etwas wie eine Commodity. Das ist bei Zeitungen nicht viel anders.

Welche Werte sind Ihnen persönlich wichtig und welche spielen in Ihrem Hause eine zentrale Rolle?
Für mich als Chefredakteur sind Unabhängigkeit und Glaubwürdigkeit die wichtigsten und die wertvollsten Werte. Dazu kommen noch solche Werte wie Fairness, Aufrichtigkeit und Verlässlichkeit im Umgang mit den Leuten, über die wir berichten, sowie unseren Quellen.

Glauben Sie, dass werteorientierte Unternehmen in langfristiger Hinsicht erfolgreicher sind, oder macht das keinen Unterschied?
Das macht einen großen Unterschied. Kurzfristig vielleicht nicht, kurzfristig können Sie vielleicht sogar mehr Geld verdienen, wenn Sie gegen Ihren Wertekanon verstoßen und anderen einfach reingrätschen ins Geschäft. Nachhaltig ist das nicht.

Wie stellen Sie sicher, dass die Werte, die Sie sich auf die Fahne geschrieben haben, auch gelebt werden und die Mitarbeiter sich mit denen auch identifizieren?
Wir haben zum Beispiel ein Stilbuch entwickelt. Darin geht es um formale Regeln, aber auch um Wertefragen. Aber Werte muss man auch vorleben. Fairness zum Beispiel

– die Leute, über die wir schreiben, fühlen sich vielleicht nicht immer fair von uns behandelt. Das sehen wir oft anders, wir nehmen ja auch eine andere Perspektive ein. Also braucht man einen möglichst objektiven Maßstab.

Was für Aktivitäten haben Sie zu dem Thema Werte in Ihrem Hause gestartet?

Das Stilbuch wird regelmäßig aktualisiert, zudem kommen bei uns einmal im Jahr alle Kollegen zu einem sogenannten Update-Meeting zusammen, dann reden wir über Strategie und natürlich auch über unsere Prinzipien. Hinzu kommen regelmäßige Runden mit den leitenden Redakteuren, bei denen auch über die Einhaltung von Werten diskutiert wird. Plus natürlich die täglichen Konferenzen und Blattkritiken.

Was sind aus Ihrer Sicht die zentralen Funktionen des Aufsichtsrates oder was sollten sie sein?

Der Aufsichtsrat sollte den Vorstand so kontrollieren, dass man auch wirklich von Kontrolle sprechen kann. Nicht alles abnicken, sondern in Frage stellen – das ist die Kernaufgabe eines Aufsichtsrates.

Würden Sie sagen, dass die aktuellen Regeln für den Aufsichtsrat der Amtsausübung dienen oder gibt es da Verbesserungsbedarf – falls ja – welchen?

Die Regeln sind gar nicht so schlecht, sie müssen nur eingehalten werden. Und da liegt das Problem. Grundsätzlich bin ich der Auffassung, dass jemand, der einmal an der

 Spitze eines Unternehmens gearbeitet hat, ein sehr guter Aufsichtsrat sein kann. Weil er das Unternehmen gut kennt. Auf der anderen Seite können solche Leute oft schlecht loslassen und reden dem Vorstand ins operative Geschäft. Ein Chefaufseher muss Präsident sein, nicht Ministerpräsident. Die Corporate-Governance-Regeln existieren, sie müssen nur gelebt werden.

Mit welchen Maßnahmen konnten Sie nach einer Vertrauenskrise Vertrauen wiederherstellen?
Indem wir offen und ehrlich darüber geredet haben. Das verstehen auch die Kunden, den meisten hat die Krise ja selbst zugesetzt.

Haben Sie das Gefühl, dass das mehrere tun? Also dass mehrere Vorstände ehrlich kommunizieren?
Ich habe schon das Gefühl, dass die Krise einiges verändert hat. Sie hat dazu geführt, dass viele ein wenig nachdenklicher geworden sind und nun eine gewisse Selbstreflexion über das stattfindet, wie es zu der Krise kam. Im Capital-Elitepanel, haben sich erstaunlich viele Top-Führungskräfte sehr selbstkritisch mit sich, ihrer Profession und ihrer Gilde auseinandergesetzt.

Wie erleben Sie derzeit die Krise und wie geht Ihr Haus damit um?
Ein Teil ist sicherlich die Umstrukturierung gewesen. Der Druck auf die Kosten ist kurzfristig derzeit hoch. Langfristig wird auch angestrengt über neue Geschäftsmodelle

nachgedacht. Insgesamt ist eine massive Verdichtung der Arbeit zu beobachten, der Stress hat zugenommen.

Weil die Stimmung schlecht ist?
Nein, die Stimmung ist bei uns nach wie vor gut. Wenn man die Arbeit verdichtet, muss wenigstens die Stimmung gut sein, sonst fliegt einem alles um die Ohren.

Und wie haben Sie das geschafft?
Wir haben eine sehr motivierte, angriffslustige Truppe. Klar sind die Kollegen auch mal verunsichert, aber wir machen dem Team nichts vor und versuchen so offen und ehrlich wie möglich zu kommunizieren. Das zahlt sich aus.

Wie stehen Sie dann zu den Beteiligungsfällen der vergangenen Monate? Karstadt, Opel, Porsche usw.?
Bei einigen ist es absurd, dass sie staatliche Unterstützung erhalten. Bei dem ein oder anderen mag es gerechtfertigt sein. Das Regularium sieht ja vor, dass nur überlebensfähige Unternehmen Hilfe in Anspruch nehmen können. Und das ist meines Erachtens korrekt. Bei den anderen schweren Fällen beschleunigt die Krise nur, was ohnehin auf kurz oder lang passiert wäre. Hinzu kommt: Eine Insolvenz ist immer auch eine Chance, überlebensfähige Unternehmensteile zu retten. Insolvenz bedeutet nicht immer gleich Untergang und Pleite.

Welche Werte braucht die Deutsche Wirtschaft, um nachhaltig wirtschaftlich erfolgreich zu sein?

Das hängt immer ein bisschen von der Perspektive ab. In den Chefetagen wäre ein höheres Maß an Aufrichtigkeit sehr wichtig. Vor allem um die Fehler, die man begangen hat, nicht noch mal zu begehen. Es wäre schön, wenn wir aus der Krise etwas lernen. Nicht so wie in Amerika, wo die „Party" in der Finanzszene schon wieder weitergeht, als wäre nichts gewesen. Und was die Werte betrifft: Einen Wertekanon von 0 bis 10 zu definieren und wieder neu zu definieren, bringt nicht viel, wenn diese Werte am Ende doch keiner lebt. Da wären mir zwei oder drei gelebte Werte lieber.

DER STAAT MUSS ECKDATEN FINDEN, DAMIT WERTE AUCH GELEBT WERDEN KÖNNEN

Peter Limbourg
Chefredakteur von N24

Wie gehen Sie aktuell mit dem Thema Vertrauen um?

Sie müssen zuverlässig und verlässlich sein, darauf kommt es in gleichem Maße bei Zuschauern und Werbekunden an. Ich glaube, der Grund der Krise ist, dass jeder noch mal ganz schnell versucht hat, den ganz großen Profit herauszuziehen. Ich glaube, Sie müssen grundsätzlich versuchen, langfristig und vertrauensvoll auf die Leute zuzugehen.

Wie wollen Sie Vertrauen im Bereich Ihrer Werbekunden wieder aufbauen?

Ich glaube, ein Vertrauensverlust in uns, unser Medium und unsere Leistung besteht eigentlich nicht. Das Problem liegt eher darin, dass Unternehmen fälschlicherweise denken, dass, wenn irgendetwas schiefgeht, sie als Erstes an der Werbung und an der Öffentlichkeitsarbeit sparen müssten. Dadurch entstehen dann natürlich Defizite bei den Medienhäusern. Das hat weniger mit einem Vertrauensverlust in uns zu tun, als vielmehr einfach mit der prekären Lage oder teilweise auch einer gewissen Übervorsicht, die sich im Streichen von Werbeetats äußert.

Dass man in dieser Zeit nicht die Etats erhöht, kann ich verstehen, aber ich glaube, man muss die Dinge maßvoll anpacken. Es gibt einen alten weisen großmütterlichen Spruch: Das Kind nicht mit dem Bade ausschütten. Und solche Weisheiten gelten auch in unserer aktuellen Situation. Sparen kann jeder Unternehmensberater, aber mit Sparen allein wird man ja kein guter Unternehmer.

Vergleichen Sie sich mit den Medien auf internationaler Ebene?
Ich glaube, dass das in den USA genauso ist. Die Nachrichtensender haben durch die Krise, in den USA speziell durch Obama, extrem zugelegt. Das ist bei uns wiederum eine andere Situation als in den USA, weil natürlich eine ganz andere Medien- und Rundfunkstruktur besteht. Wir müssen aufpassen, da wir bei stetig schwindenden Etats nicht viel investieren können. Wir müssen innovativ an die Sachen herangehen und sind ja ein Unternehmen, das in weiten Teilen von der Kreativität der Mitarbeiter und von neuen Ideen lebt, aber auch von klaren Kostenstrukturen abhängig ist. Das heißt, wir müssen jetzt umso mehr versuchen, die Kreativität der Mitarbeiter zu fördern und auf technische Innovation zu bauen, durch neue Techniken versuchen, Geld zu sparen, ohne in der Grundqualität etwas daran zu ändern, was wir tun.

Sparen Sie dann in personellen Ressourcen ein und investieren eher in Technik?
Wir haben es geschafft, in unseren Bereichen keinen wesentlichen Personalabbau zu vollziehen. Unser Produkt lebt ja von den Mitarbeitern. Sie brauchen einen guten

Journalisten, um Fernsehen zu machen, damit Sie ein gutes Produkt auf dem Bildschirm haben.

Und in Bezug auf Marketing?
Marketing brauchen Sie nach wie vor. Wir haben ja gleichzeitig eine Wirtschaftskrise und zusätzlich eine industrielle Revolution durch die Konvergenz von Fernsehen, Internet und Print. Diesem Zusammenschmelzen der Medien müssen wir uns auch weiter stellen. Und am Ende des Tages überlebt nur derjenige, der es versteht, sich hier am Markt richtig zu positionieren. Sie können ja nicht nur einfach die Krise abwehren. Sie müssen sehen, dass Sie sich in diesen Tagen auch weiterentwickeln, und dafür brauchen Sie in einer sich durch das Internet neu ordnenden Medienwelt eine starke Marke. Das heißt, insbesondere in die Marke und somit auch das Marketing muss man meiner Ansicht nach weiter investieren.

Haben Sie das Gefühl, dass weniger Bereitschaft vorhanden ist, sich den Medien gegenüber zu äußern?
Nein, den Eindruck habe ich nicht. Vielleicht im Einzelfall, aber generell als Trend, nein.

Und Werte? Sehen Sie eine Veränderung in Bezug auf Werte in den Unternehmen?
Ja, da hat sich schon einiges getan. Also erstmal ist nie jemand schuld. Diejenigen in den Unternehmen, die den ganzen Irrsinn am Finanzmarkt mit betrieben haben, sind alle abgetaucht. Ich glaube, dass das Thema Verantwortung

 immer schön vermarktet wird, sich aber in der Praxis leider nie richtig manifestiert hat. Es sind zu wenige Leute, die in Unternehmen tatsächlich zur Verantwortung gezogen wurden. Es ist ein diffuser Brei, der die Mahnung nach mehr Werten sozusagen wichtiger werden lässt, aber die tatsächliche Umsetzung, die sehe ich nicht. Und dadurch entsteht ein ernsthaftes Akzeptanzproblem. Natürlich muss man wieder auf die alten Werte setzen, aber wenn keine Konsequenzen gezogen werden, wird das System irgendwann inakzeptabel für die Breite. Und wenn man von Werten spricht, muss man irgendwann auch mal von Konsequenzen sprechen.

Ein Problem sehe ich darin, dass die Leute, die in den Banken schon vor Jahren gesagt haben, „wir können nicht irgendwelchen Mist, den wir selber nicht verstehen, irgendwelchen Omas verkaufen", nach wie vor mit hochgezogenen Augenbrauen belächelt werden, und jene, die besonders trickreich nach Autoverkäufermanier jeden Schrott verkauft haben, weiter oben mitschwimmen. Und ich habe nicht den Eindruck, dass grundsätzlich irgendeine Form von Besinnung von den Häusern selber kommt.

Ich vermisse von dieser Seite das Bekenntnis, dass hier etwas schiefgelaufen ist und auch das eigene Haus an falschen Geschäftspraktiken beteiligt war, die Einsicht, ja wir haben alle etwas falsch gemacht und müssen unsere Renditeerwartungen vielleicht einfach runterschrauben.

Haben Visionen in den letzten Jahren bei uns gelitten?
Ich glaube, dass auch die Visionen sich zurzeit eher zurückhalten. Momentan ist alles ein Steuern auf Kurs und auf Sicht, oder nur auf Sicht und „damage control". Zeit für Visionen ist in der Praxis derzeit kaum gegeben. Natürlich können Sie sagen, wir brauchen die alte Deutschland AG wieder. Wir brauchen eine Rückbesinnung auf den rheinischen Kapitalismus, bei dem es zu solchen Exzessen nicht gekommen ist. Aber ob das schon eine Vision ist, weiß ich nicht. Wir werden sicherlich eine gewisse Renaissance von konservativen Werten haben, aber es muss eben dann auch dafür gesorgt werden, dass sie entsprechend in der Praxis gelebt werden können.

WILLST DU DICH DEINES WERTES FREUEN, SO MUSST DER WELT DU WERT VERLEIHEN

Prof. Manuela Rousseau
Leiterin Corporate Social Responsibility und Aufsichtsratmitglied der Beiersdorf AG und Maxingvest AG

Das Tal der Krise liegt hinter uns. Mit dem Blick nach vorne gefragt: Welche Werte braucht die deutsche Wirtschaft von morgen?

Ich glaube nicht, dass die Krise schon überwunden ist, wir sollten vielmehr auf den Ursprung des Problems schauen. Die Banker standen unter dem ständigen Imperativ von Leistung, Leistung und nochmals Leistung. Sie haben investiert, immer riskantere Anlagen getätigt und für ihr Unternehmen sogar noch etwas eingebracht. Aber sie haben keinen Kundennutzen geschaffen und keinen Nutzen für die Gesellschaft – denn dann kam die Finanzkrise.

Deshalb haben wir in Zukunft die Aufgabe, uns zu überlegen, was wir eigentlich als Leistung ansehen wollen. Wir werden uns stets fragen müssen: Welchen Mehrwert hat die Leistung, die jemand erbringt, für andere – das übrigens ist Markt. Das würde ein wenig abgehen von dem puren Egoismus. Der Banker darf nicht nur für irgendein abstraktes Renditeportfolio wirtschaften, dessen Erfolgsbeteiligungen auch seine Lohntüte immer praller machen. Am Ende des Tages wird sich der Banker, aber auch jeder berufstätige Mensch die Frage gefallen lassen müssen: Was hat deine

Arbeit gebracht für den langfristigen, ich betone: langfristigen!, Bestand des Unternehmens – und für das Fortkommen der Gesellschaft?

Würden Sie sagen, dass Leistung durchaus über das betriebswirtschaftliche Pensum hinausgeht?
Auf jeden Fall. Ich würde das gerne mit einer alten Weisheit untermalen. Der seniore Goethe wendet sich an den jungen Schopenhauer und sagt: „Willst du dich deines Wertes freuen, so musst der Welt du Wert verleihen."

Aber passt diese Einsicht von Goethe in die Jetzt-Zeit?
Ich glaube schon, dass der Rekurs auf die Klassiker sehr aktuell ist. Nehmen wir das Beispiel des Unternehmens, für das ich seit 26 Jahren arbeiten darf, die Beiersdorf AG in Hamburg. Wir sind seit über 125 Jahren ein Markenartikler. Was ist das besondere Charakteristikum der Marke? Sie verkörpert auf der einen Seite einen stabilen und anerkannten Produktwert. Aber sie gibt den Verbrauchern mehr als den rein materiellen Nutzen, wir haben als Unternehmen die Verantwortung, die Gesellschaft auch mit ideellem Nutzen zu versorgen. Unsere Aufgabe ist es, das spürbar vorzuleben. Der Erfolg einer Marke lebt vom Vertrauen. Das schafft man nicht, indem man sich nur um Dinge wie Preis, Produktnamen und Packung kümmert.

Wenn wir diesen Gedanken verlängern, dann müsste unternehmerischer Erfolg mehr sein als die Position „Gewinn" in der Gewinn- und Verlustrechnung. Ich darf ganz klar sagen: Natürlich muss ein Unternehmen Geld verdienen. Der Gewinn ist ein Ausweis der Tatsache, dass das Unternehmen mehr Nutzen gestiftet als Kosten verursacht hat. Allerdings würde ich diese Agenda nicht wertfrei sehen, im Gegenteil. Es kommt entscheidend auf das Wie an. Für die Gesellschaft ist es eben nicht gleichgültig, auf welchem Weg das Geld verdient wird. Für den Fortbestand der Gesellschaft ist es entscheidend, ob Unternehmertum in einer verantwortungsvollen Aufgabe gelebt wird – oder nicht.

Noch einmal zurückgefragt. Bertolt Brecht schrieb in seiner Dreigroschenoper: „Wie ihr es immer dreht und immer schiebt – erst kommt das Fressen, dann die Moral." Sind Werte etwas, was sich nur ein sattes, also gewinnerzielendes Unternehmen leisten kann?
Im Grunde genommen ist das die literarische Form der Bedürfnispyramide von Abraham Maslow. Es ist die Frage, ob die Unternehmen es sich leisten können, nicht im Kontext gesellschaftlichen Handelns zu agieren. Das geht nur eine Zeitlang gut. Insofern ist wirtschaftlicher Erfolg die Voraussetzung dafür, um mit finanzieller Hilfe wieder gesellschaftliche Dinge voranzubringen. Aber auch der wirtschaftliche Leistungsprozess als solcher schafft ja bereits ideelle Werte, etwa indem unser Unternehmen auf gute Mitarbeiter, gute Ausbildung und faire Arbeitsbedingungen setzt.

Also um bei Brecht zu bleiben: Auch das Fressen hat Moral?
Ja, so ist es. Ohne Fressen verhungert man und kann dann auch nichts Gutes mehr tun. Unser Streben nach Nachhal-

tigkeit zeigt das sehr deutlich. Die Werte-Erzeugung beginnt nicht erst nach dem Geldverdienen, sondern schon während dieses Vorgangs.

Wie viel Einfluss hat der Aufsichtsrat auf das, was das seiner Aufsicht anvertraute Unternehmen tut?

Der Aufsichtsrat überwacht den Vorstand und prüft den Jahresabschluss, so sieht es das Aktiengesetz vor. In der Praxis gehen die Mitwirkungsrechte jedoch viel weiter, der Corporate Governance Kodex empfiehlt dem Rat auch dazu, gute, verantwortungsvolle und zielgerichtete Führung durchzusetzen. Dies setzen wir um. Der Vorstand ist für eine ganzheitliche Führung des Unternehmens verantwortlich, der Aufsichtsrat als Sparringspartner des Top-Managements fordert diese ein. Wir können beispielsweise artikulieren, dass die Kundenzufriedenheit stimmen muss, dass mit den Lieferanten fair umgegangen wird und dass die Zufriedenheit der Mitarbeiter ein wichtiges Ziel ist. Der Vorstand ist so stark in das Tagesgeschäft eingebunden, dass es hilfreich ist, wenn von seinem natürlichen Widerpart gewisse Prioritätensetzungen kommen. Selbst wenn der Vorstand bereits einen gewissen Werteanspruch hat, kann so gemeinsam die Werteorientierung noch gestärkt werden.

Das ist eine recht abstrakte Feststellung. Haben Sie ein Beispiel, das illustriert, worum es hier gehen kann?

Der Aufsichtsrat führt, indem er nachfragt. Denn er hat die Möglichkeit, jene Fragen zu stellen, die der Vorstand von seinen Mitarbeitern so nicht gestellt bekommt. Wir können etwa prüfen, wie die Nachhaltigkeit im Unternehmen gelebt wird. Ein Beispiel: die Einführung einer neuen Verpackung. Im Aufsichtsrat haben wir die Frage diskutiert, ob mit der Neuheit Einsparungen bei Material und Rohstoffen verbunden sind und ob das neue Material umweltfreundlich ist. Wir versuchen nachzuvollziehen, welche Beweggründe hinter den Plänen des Managements stehen: Haben wir die Verpackung jetzt geändert, weil sie schicker ist, weil der Wettbewerb etwas Neues eingeführt hat? Was war die Basis für unsere Entscheidung? Letztendlich stellt sich immer die Kernfrage, warum wird etwas getan oder gelassen?

Wenn wir auf das Thema Werte zurückkommen: Wodurch entsteht eigentlich Ihrer Erfahrung nach der immaterielle Mehrwert, den der Aufsichtsrat schafft?
Ich würde immer versuchen, Themen zu vernetzen, also andere Personen einzubeziehen und mitzunehmen. In den meisten Fällen bringt es nichts, eine Einzelposition einzunehmen. Die verhungert in der Fülle der Interessen. Die Meinungsbildung ist ein Prozess zwischen Menschen, die im Dialog stehen. Mal treibe ich ein Thema, das mir am Herzen liegt, durch ein Gespräch mit dem verantwortlichen Vorstand voran mit der Frage: „Haben Sie diesen Aspekt schon einmal bedacht, ist er überhaupt wichtig und wie können wir ihn aufgreifen?“

In der Tat spielen bei den Impulsen die Fragen in allen Fällen eine große Rolle; der Dialog durch Fragen ist das A und

O effektiver Wirkung in einer derartigen Position. Wir sollten ja nicht vergessen: Der Aufsichtsrat ist selbst nicht auf dem Spielfeld, er gelangt nie an den Ball, kann aber vom Spielfeldrand aus wichtige Anstöße geben. Deshalb ist diese Devise wichtig: Nichts ungefragt lassen aus Angst, ein Einwand könnte als dumme Frage angesehen werden. Es gibt keine dummen Fragen, nur dumme Antworten.

Wie sieht es mit Ihrer persönlichen Orientierung aus – welche Werte sind Ihnen wichtig?
Achtung und Respekt vor der Leistung eines jeden. Jeder Mensch kommt mit seinen individuellen Fähigkeiten und Kenntnissen in die Arbeitswelt, das gilt es zu würdigen und zu entwickeln. Als Führungskraft unterstütze ich jeden Mitarbeiter in seiner Individualität. Persönliche Weiterentwicklung im Sinne des Unternehmens ist sehr wichtig. Und alles muss darauf ausgerichtet sein, dass die Menschen, die mit mir im Team arbeiten, persönlich meine Wertschätzung jederzeit wahrnehmen. Ob ich sie kritisiere, ob ich sie lobe. Sie sollten wissen, es geschieht immer, um sie in ihrer Persönlichkeit zu stützen und zu entwickeln. Wenn mir das zurückgespielt wird, habe ich das Gefühl, als Mensch und Managerin zu agieren. Die meisten verbringen den größten Teil ihres Lebens am Arbeitsplatz. Deshalb soll die Arbeitswelt ein Raum sein, in dem es auch die nötige persönliche Wertschätzung gibt.

GLOBALE PERSPEKTIVEN

TREAT THEM LIKE A FAMILY

Hamid Arabnejad
CEO Mahan Air

Which responsibility do you see for yourself as a company beyond the economic one?

Iran is a big country. The size of our country is almost one million six hundred square kilometers and we don't have enough highway and railway systems. If you need to travel from Kermanshah, located in the north west of Iran to Zahedan, located in the east, the distance is about 2,000 km. In many cases flying is the only reasonable way to get from one place to the other. Besides the fact that Iranian people travel all the world, there is a huge demand for domestic flights and we cover the Iranian's peoples need for air travel. For us it takes more effort to operate as an airline, since being under sanctions it is harder to acquire planes and get spare parts. It is our mission to do our best in providing safe air travel in Iran. I also see a responsibility to create jobs for the people here.

Which ethical values are important to you personally and which ones play a relevant role for you in the context with your surroundings?

The employees are key to our company's success. It's important for me to respect my employees and to understand their needs. I want them to feel loved and treat them as a family. As far as my business partners are concerned honesty and trust are the key issues.

Do you consider the Media as a Partner?
Of course.

And the Government?
Somehow, yes. We are obliged.

Do you find the values and expectations of your customers, your employees and your business partners have changed over time?
Yes, of course. If I look at what was before and what is now, many things have changed from a moral standpoint. The moral was stronger and more conservative in the past then it is now. Technology has changed the way we live and will continue to have an impact. There is a difference between the past and now, and there will be an even bigger difference between now and the future. Moral and loyalty will decrease.

And what do we need to do about that? Do we need more values?
We have to modernize our system and adapt it to our future. And we have to do so in a way that puts a special focus on the moral. Leadership plays an important role in that process. What we don't need is more regulations or sanctioning. We need to educate our people and show them how to be a good human.

Does religion help in that?
Of course, religion helps. It helps each one of us become a better person.

Have your family values made an impact on you as a leader?
Yes, family is essential for the development of each individual and for society as a whole. If people care about their family they know how to adapt to working with other people and provide a team spirit. My family taught me how to be a good and disciplined worker, how to live life, how to be honest and how you have to sacrifice for the other. That is a very important issue.

How do you make sure that your employees represent the values that you intended the company to have?
I can see it day by day in the results of the company. If the values are applied, we can see growth of the company and assure long-term success. Without the first, we cannot create the second and would not survive.

How do you feel about the change in banking regarding privacy such as it recently took place in Switzerland?
I believe that people should have the privacy. It is better for the economy if people feel free.

In Iran, people always have an opinion about things and usually know how you could do something better. How does that work in a company?
Normally a decision is carried out by the Board Members. There is usually little involvement of the employees in company decisions. There is little room for discussion.

If you could change something about the current system and its rules, what would you change?
Deregulation and more freedom for the economy through less rules and new market opportunities.

What does freedom mean to you?
It means an economy with moral values, but no state involvement and no corruption.

Who do you think determines the rules of the „economic game"? Who should be?
I think the law should provide a framework that applies to everybody who participates in a way that provides equal opportuniy.

Have you personally experienced a crisis?
No, I have not. But throughout the last ten years we have been fighting the sanctions. We are spending up to 70 per cent of our time with that. It is like a permanent crisis.

How are you experiencing the current crisis?
We have not been that affected by it as Iran is not that involved in the global economy. Our neighbour countries have been heavily hit and that spreads to our country to some degree without having a severe impact.

What do you expect the future of Iran to look like?
We are a developing country. There is a lot of opportunity to grow and many opportunities for development.

NUR WENN DIE MITARBEITER PERSÖNLICH WACHSEN, WÄCHST DAS UNTERNEHMEN

Dr. Pius Baschera
Präsident des Verwaltungsrates Hilti

Welche Werte sind für das im Jahr 1941 gegründete Unternehmen aus heutiger Sicht wichtig?

Wir wollen Mitarbeitern und Mitarbeiterinnen ein Umfeld geben, in dem sie persönlich wachsen können. Unsere Einstellung hierzu lautet: Nur wenn die Mitarbeiter wachsen, wächst das Unternehmen. Das heißt, wir wollen Spielraum geben, wo sie Risiken eingehen können, wo sie in neue Projekte gehen können. Ein weiterer zentraler Wert ist das unternehmerische Denken. Wir wollen möglichst 20.000 Unternehmer im Unternehmen haben, denen Freiräume geben, Mitarbeiter haben, die engagiert sind, die Mut haben, etwas Neues zu probieren.

Das sind ja eher übergeordnete Dimensionen. Gibt es bei Hilti auch ausformulierte Grundwerte?

Ja, wir haben vier Werte, die zusammen unsere unternehmerische Kultur tragen sollen, nämlich Integrität, Team, Commitment und Mut. Eine kurze Erläuterung, was wir mit diesen Werten meinen: Integrität verstehen wir im Sinne von Ehrlichkeit, Offenheit, Walk the Talk. Wir wollen uns an die Grundsätze guter Führung halten, also Corporate Governance umsetzen, und Führungskräfte haben, die anfassbar und berechenbar sind. Der zweite ist Team.

Wir führen im Team. Bei uns ist nicht die Einzelperson entscheidend. Wir haben keinen Personenkult. Das heißt nicht, dass die Einzelpersonen nicht wichtig sind, aber wir sind überzeugt davon, dass wir im Team wesentlich stärker sind, wir leben das von oben bis unten. Da schließe ich meine Person durchaus ein, ich bin nicht der einsame Chairman, der unnahbar ganz oben auf der Kommandobrücke steht. Das war ich auch in meiner Zeit als CEO nicht, das würde meiner Denkweise nicht entsprechen, ich sehe mich als Teamspieler. Commitment als dritter Wert soll verstanden sein als hundertprozentige Unterstützung unserer Werte durch jeden Mitarbeiter. Wir wollen, dass alle mit im Boot sind und mit voller Kraft mitrudern. Nur ein wenig dabei sein, das gibt es bei uns nicht. Bei diesem Thema sind wir sehr engagiert, wir gehen mit Passion an unsere Mitarbeiter heran, um diesen Wert immer wieder deutlich zu machen.

An dieser Stelle dürfte sich mancher Außenstehende fragen: Woher kommt der Antrieb, der Hilti zum Weltmarktführer gemacht hat?
Den liefert unser vierter Grundwert: Mut. Wir wollen, dass jeder Mitarbeiter bestrebt ist, den Kreis der Gewohnheiten immer wieder zu durchbrechen. Mut heißt: neue Sachen ausprobieren, Risiken auf sich nehmen, Erfahrungen sammeln, bereit sein, aus negativen Erfahrungen zu lernen, auch den Mut zu haben, Bestehendes in Frage zu stellen. Ohne Mut hätten wir nicht diese Triebkraft, die immer wieder Innovationen hervorbringt. Ohne mutige Mitarbeiter keine Innovation.

 Wie lange hat es gebraucht, bis Sie diese Werte so klar herausgearbeitet hatten?

Die Arbeit an und mit den Werten ist ein permanenter Prozess. Werte wollen schließlich gelebt werden. Den Auftakt bildete die erste Bestandsaufnahme unserer Unternehmenskultur. Im Jahr 1984 haben wir zum ersten Mal danach gefragt, wer wir sind, was uns zusammenhält und wohin wir wollen. Diese Initiative war eine Folge der immer stärker zunehmenden Internationalisierung. Das Unternehmen wuchs, wir wollten die verschiedenen Subkulturen wieder unter einer zentralen Hilti-Sonne zusammenführen. Seither ist die Arbeit an dem Wertethema eigentlich immer aktuell geblieben, mal etwas mehr, mal etwas weniger.

Was hat aus Ihrer Sicht zur Krise geführt?

Wenn man es auf den Nenner bringen soll: der Kasino-Kapitalismus. Das Abheben von einzelnen Führungskräften, also absolute Übertreibungen in Kompensationsansätzen. Und teilweise auch Dummheit, richtige Dummheit. Was mit den Hypotheken in den USA gelaufen ist, das ist unglaublich. Da hat einfach einer gemacht und die anderen haben gesagt, wenn der das macht, dann müssen wir das auch machen.

VORBILD DURCH CORPORATE CULTURE

Harry Brouwer
Chairman Unilever Deutschland, Österreich, Schweiz

Welche Rolle sehen Sie für die Unternehmen neben dem Betriebswirtschaftlichen in der Gesellschaft?

Eigentlich hat Unilever als Unternehmen in der Krise begonnen. Und in jeder Krise hat sich etwas verbessert, vor allem durch den externen Druck, der uns bewegt hat, Dinge zu verändern. Es hat sich durch Krisen immer etwas Positives in der Unternehmenslandschaft entwickelt, und ich glaube, dass wird auch dieses Mal so sein. Unabhängig von der Krise sehe ich unsere Rolle neben dem Wirtschaftlichen darin, die Menschen, für die wir verantwortlich sind, persönlich weiterzuentwickeln. Wir wollen mehr Wachstum schaffen, ohne dabei mehr Belastung in Umfeld und Umwelt auszulösen.

Ich rede immer über drei Ziele. Das erste und wichtigste ist stetiges Wachstum. Das zweite ist der Marktanteil, das heißt, besser zu sein als der Wettbewerb. Das dritte Ziel ist Wachstum auf persönlicher Ebene. Die Menschen haben viele Möglichkeiten, irgendwo zu arbeiten. Geld ist nicht immer der Hauptantrieb. Das sind für mich die drei wichtigsten Aspekte. Aber auch Werte gehören dazu. Ich bin immer für Offenheit, Transparenz und Ehrlichkeit, ohne die eine fruchtbare Zusammenarbeit im Unternehmen einfach nicht funktioniert. Ich habe schon mal in Deutschland gelebt und gearbeitet und muss immer wieder mit diesen hierarchischen Strukturen kämpfen. Oft gibt es hier keine wirkliche Offenheit,

 „Silodenken“, diese „Engineering“-Mentalität. Daher lag mir in unserem Unternehmen viel daran, das zu verändern. Mehr als 50 Prozent des Unternehmenserfolges hängt meines Erachtens von der Unternehmenskultur ab.

Würden Sie das Corporate-Social-Responsibility Thema auf einer strategischen Ebene sehen, dass heißt, dass die Unternehmen sich davon Geschäft versprechen?

Wenn wir es richtig machen, ist es zu 100 Prozent an das Geschäft gekoppelt. Ich bin da ehrlich. Ich könnte immer Geld spenden, aber diese Spenden sind dann allein abhängig von meiner Position und meinen Präferenzen. Wenn ich einmal irgendwo anders hingehe, dann fragt sich mein Nachfolger: „Warum machen wir das?“, und dann wird die Unterstützung gegebenenfalls gestrichen. So haben wir Aktivitäten immer auf eine passende Art und Weise mit einer Marke verknüpft, was aus meiner Sicht einfach viel mehr bringt. Auf diesem Konzept können wir aufbauen und sicherlich auch die Wahrnehmung noch ein wenig verbessern.

Sie hatten bereits erwähnt, dass sich die Werte über die Zeit verändert haben. Ist das ein Generationsthema?

Die Welt hat sich verändert. Heute ist alles transparent, alles ist innerhalb von zehn Minuten verfügbar. Wir haben derzeit noch Strukturen, die nicht mehr dazu passen. Ich habe vor, alles, was „artificial“ ist in unserem Büro, herauszunehmen. Das heißt keine Mauern und keine Türen mehr. Wir reden immer über Teamgeist, Offenheit und Transparenz – aber in unserem alten Gebäude, da ist man in sein Büro gegangen, hat die Tür geschlossen und dann war's das wieder für die Woche. Wenn hier in unserem neuen Gebäude etwas Wichtiges passiert, dann können wir die Leute einfach zusammenbringen.

Diese persönliche Kommunikation ist sehr wichtig. Wir haben so viele Leute im Vertrieb, die nur durch E-Mails, Gespräche mit Kollegen oder Meetings mitbekommen, was im Unternehmen passiert. Da muss auch in der heutigen Schnellllebigkeit ein persönlicher Touch dabei sein, sonst erreicht man die Leute nicht mehr.

Wie sehen Sie die Unterschiede zu den internationalen Kulturen, in denen Sie gearbeitet haben?
Ich finde, England und Holland sind in Teilen viel fortschrittlicher als Deutschland. Beispielsweise haben wir in Holland ein eigenes Projekt entwickelt, das sich „My Choice" nennt. Wir haben dafür mit einigen Kunden zusammen ein Logo erstellt. Heute gibt es Marken, aber auch private Labels, mit diesem Logo drauf. So etwas kann man sich in Deutschland kaum vorstellen. Wenn man hier eine Anzeige von Rewe oder Lidl sieht, steht meistens nur eines im Fokus, der Preis. Wenn man sich hier nicht differenziert, dann hat man meines Erachtens ein Problem. Wir haben in Deutschland viel zu viele Verkaufsflächen, die meisten in Europa. Fast jeder Deutsche hat seinen eigenen Laden. Die Rentabilität pro Quadratmeter reicht einfach nicht.

Wie stellen Sie sicher, dass die Werte, die Ihnen wichtig sind, auch von Ihren Mitarbeitern gelebt werden?

Indem man dauerhaft sicherstellt, dass sie gelebt werden und nicht nur auf einem Papier stehen. Wir hatten einmal eine Sitzung zu unseren Werten. Es ging um das Thema „Caring“ und aktuelle Projekte in diesem Bereich. Dann stand einer auf und sagte, er habe eine SMS mit der Information bekommen, dass ein Familienmitglied krank sei und er umgehend dort anrufen müsse. Er verließ den Raum und alle redeten einfach weiter über die Taskforce für Caring, die unbedingt gebraucht würde, und über deren Strukturierung.

Ich ging dann raus zu dem Mitarbeiter und erkundigte mich, was passiert sei. Er sagte mir, dass seine Großmutter, die ihn großgezogen hatte, ins Krankenhaus gekommen sei und innerhalb kürzester Zeit sterben würde. Ich fragte ihn, was er jetzt machen würde. Er antwortete, „ich werde kurz rausgehen und ein wenig frische Luft schnappen und bin gleich wieder da“. „Nein“, sagte ich, „das wirst du nicht tun. Du nimmst jetzt einen Flieger und fliegst zu deiner Großmutter. Deine Großmutter war über 40 Jahre für dich da, und es gibt nur eine Chance, deine Großmutter noch mal zu sehen, und die ist jetzt.“ Er sagte: „Nein, das geht schon.“ Ich legte ihm nahe, die Sache noch einmal zu überdenken.

Ich ging zurück in den Raum, wo alle weiterhin eifrig bei der Sache waren. Dann kam er wieder rein und sagte, es ginge ihr wirklich schlecht. Ich sagte „Okay, ich rufe jetzt meine Sekretärin an, die bestellt dir ein Taxi und Du fährst jetzt zum Flughafen". Die Reaktion: Tränen ohne Ende. Ein gestandener Mann von Mitte 40 weinte ohne Unterlass. Zurück in der Sitzung sagte ich: „Leute, ich muss mit Euch reden. Es ist ja schön, was Ihr hier diskutiert und auf Zettel schreibt, aber das bringt gar nichts, wenn es nicht gelebt wird. Was ist hier heute passiert? Einer hatte ein Problem – und keiner von Euch hat sich dafür interessiert. Er hat erfahren, dass seine Großmutter im Sterben liegt, und Ihr unterhaltet Euch über irgendwelche Caring-Projekte." Ich glaube, es gibt diese Momente im Leben. Für mich war das ein Geschenk. Es passiert einem nicht jeden Tag, dass man die Möglichkeit hat, jemanden in so einer Situation zu helfen und unsere Werte vorzuleben.

Was heißt für Sie unternehmerischer Erfolg?

„Top line" sein mit weniger Belastung in der Umgebung, den Marktanteil ausbauen und meine Leute persönlich entwickeln. Das sind für mich immer die drei wichtigsten Themen. Unsere Kunden- und Mitarbeiterzufriedenheit messen wir auch regelmäßig. Dann weiß ich, was die meisten meiner Stakeholder denken.

Haben Sie selbst schon mal eine Vertrauenskrise erlebt?

Es gibt ein Ereignis aus meiner Anfangszeit in Irland. Ich war vier Monate zuvor als Chairman nach Irland gekommen, wo wir ein Werk in Dublin hatten. Wir hatten auf unserer Verpackung für Großverbraucher ein Zeichen, dass ein Produkt als Unilever-Fabrikat kennzeichnete. Es gab eine Promotion, bei der Kunden eine Mikrowelle erhielten, wenn sie 200 von diesen Verpackungen einreichten. Das war im Food-Solutions-Bereich, und die Promotion lief relativ gut an, was mich überraschte. Nach ein bis zwei Wochen hatten wir schon ziemlich viele Redemptions erhalten und waren mit der Promotion wirklich erfolgreich. Und nach vier Wochen: noch mehr Punkte, noch mehr Mikrowellen, noch mehr Erfolg. Das hatte ich wirklich nicht erwartet.

Es war hervorragend und trotzdem habe ich dem Braten nicht getraut. Ich habe mir dann Beispielpackungen zeigen lassen, die zur Einlösung eingereicht wurden, und siehe da: nicht einmal Produktspuren. Wir fanden heraus, dass Mitarbeiter massenhaft fehlerhafte Verpackungen mit nach Hause nahmen und, noch viel schlimmer, auch fehlerfreie Verpackungen absichtlich beschädigten und diese ebenfalls mitnahmen. Wir haben dann fünf oder sechs Leuten gekündigt, aber je weiter wir nachgeforscht haben, desto mehr haben wir gefunden. Damals waren zum Beispiel auch teure Sex-Hotlines populär. Die Security hat nachts stundenlang auf Firmenkosten diese Hotlines angerufen. Ich konnte das alles nicht glauben, also habe ich trotz Non-stop-Produktion am nächsten Tag eine Mitarbeiterversammlung einberufen.

Es herrschte Totenstille und alle waren sehr nervös. Ich war ja erst vier Monate dort und sagte: „Ich war so stolz, nach Irland zu ziehen. Ich habe mein Zuhause verlassen, meine bisherige Aufgabe und bin hierher gekommen. Ich habe mich gefreut auf die Arbeit und mit vollem Elan losgelegt. Und dann so was, das hätte ich nicht erwartet. Und jetzt? Was soll ich jetzt tun? Eigentlich müsste ich das jetzt sofort an meine Chefs berichten und die würden das Werk hier von heute auf morgen schließen. Ich weiß ganz ehrlich nicht, was ich jetzt machen soll."

Dann hat der irische Personalleiter übernommen und die Leute so richtig zusammengestaucht. Er hat Andeutungen über alles gemacht, was wir wissen, und auch über die Dinge, bei denen nur ein leiser Verdacht bestand. Dann habe ich wieder gesprochen und gesagt, dass es nur eine Lösung gibt, nämlich dass alles sofort aufhört und alle Mitarbeiter einander im Blick haben.

Wir sind aus dem Raum gegangen und nach dieser Versammlung ist nichts mehr vorgefallen. Ich war später an dem Abend in einem Restaurant mit einem Kunden, und da kam die Kellnerin zu mir und fragte: „Are you Mr. Brouwer?" Ich sagte: „Yes". Und die Dame antwortete: „Well you had quite a day today."

TEACH PEOPLE TO BE MORE CREATIVE

Eran Davidson

President & CEO Hasso Plattner Ventures

What role do you see for yourself and for the ventures beyond making money or profit in the society?

We have a very significant role in many social activities all over the world. Our network allows us to create and develop innovations that improve the quality of life for many people and that goes far beyond making money for our investors.

So your vision is to improve society and improve the economy through new start ups and new ideas?

Well there is a direct way and there are indirect ways. Besides creating jobs and employing people, you can use contacts and make some direct investments or contributions to activities which are purely social. In a conference we organize once a year we charge people participation fees and later give the profits from that away to different social projects worldwide. That could be for the homeless, that could be for world cup association in Scotland, it could be a kindergarden in Togo that we help. And we have an ongoing support with betterplace.org.

What values are important to you personally and which ones play a relevant role in working with your employees and business partners?

Human. Just being human. It is very important to be honest, direct, and try to surround yourself with similar people. And it is not only about how we can become more successful, but also about how we can enjoy what we are doing. So we work with people that we like. People that are enlightening. Maybe I can do certain things pretty well, but I am certainly not good in everything. I need help in financial work, in technical things, so I try to chose people around me that are most likely better than me. With the stars you'll shine. Be transparent, be honest, no hidden agenda, no dirty tricks. There are many ways to become successful but that is the best one. And definitely the most enjoyable one.

Would you say that there is a value shift? That different values are important to people today?

People keep saying that there is a value shift, that people are getting more materialistic. I keep hearing it for many years, but I am not so sure that it is true. It is easy to say, „the older I get, the better it was …". Just because it was a long time ago we have forgotten. I think, once in a while of course you slide away from the real values, but then you get hit and you're forced to get back on track. Like this financial crisis makes us aware that being too greedy will not bring us to the point where we want to get. Being greedy is our worst enemy. It happens once in a while and then we understand there are so many other things in life, far more important than money. Family, friends, your private, personal passion, etc. So just do good, be the best in what you do, and at the same time enjoy what you do is a big value for me.

 Would you say that clients and employees expect other values from companies nowadays than in the past?

Yes, absolutely. I think, take for example a company, an internet company called Utopia, where you can really evaluate service providers and products and companies according to the values besides just financial ones, and more and more people are logging in and using the service, because when you buy a product or a service you want to make sure that a company provides you with the product, takes care of the environment, takes care of poor people or does something in general with the profits besides giving it back to the shareholders. So definitely this is a new trend I can see and we are always looking for this when we start a company.

How do you assure that the values that you have given yourself and that are important to you are not just on a brochure, but that the people practice them and live them?

I think it works very well because it is based on leadership. They see how you practice it, they trust you, and they act accordingly. It is like with children, they are like you, even when they are not willing to be like you, they just copy you. Here we meet every day, we speak a lot, we attend the same meetings, they see what I am saying and they finally repeat it when they meet with other people. The image is the same and the spirit is the same because it starts from the leader, the founder and then it goes through the whole organization. If you are a good leader, it works. So people really act accordingly in the company. They also treasure the same values. And don't forget, they are picked to become partners or employees in this company, if they are like that. They are people with high integrity and high commitment.

And when you started your job here, did you address that issue or values in a certain way?

Yes, absolutely. This brochure is very old. We wrote it before we even started the funds. We wrote it carefully, it was our business card before we made our first investment in 2005. When I wrote it I was just by myself. It was just my vision and a very general idea. I didn't know if what I was envisioning was really possible, but then I started working and saw what I can do. Be an ambitious, committed and multi-tasked entrepreneur is my investment approach, while at the same time support social projects.

What consequences do you think this will still have on the economy, on the crisis and possibly also on your company?

I think we are improving now. Because we learn to be more humble and we treasure different values in life rather than just greediness and financial, material things. We can use this time, and many people do it, to look inside ourself and spend more time with family, friends, study more, consume less. At the same time, for the entrepreneurial sector I can see that real entrepreneurs are still in the game. They are setting up new companies, it is easier for them to get better people around, because more and more talent is available and there are many opportunities. So the crisis is in many ways good for us because we can set up the companies in a much better ways with many lessons learned. How to spend less money, how to be more creative and how to be more customers oriented. The technology era is just starting and we can see with the power of the internet and mobile phones and some other gadgets, it is only the very beginning. So there is a very bright future and the time to do it could not be better.

What do you think should develop in Germany in terms of when the new government and what changes do you think we need here in the economy?
The list is so long, I don't know where to start. If I just take my business as an example I see a huge problem in education. A huge problem, so if I would try to rank the first three priorities: it is education, education and education.

What should change about education? More hands on?
Education to make people be more creative. This can be educated, believe it or not. You can really make non-visionary or non-creative people much more creative. Think out of the box. Don't make them think all the same way. You have to do that, you have to give them tools how to do it right. You can really learn with the right tool-set how to do a brainstorming, how to get the best out of you. Make people more individual and not soldiers in a system. Promote entrepreneurship, educate people and tell them, if they don't try, they will never make it. In other words, it is ok to fail. You can fail once or twice, but the third time you will make it. People here in Germany are scared to fail, even once. I failed a few times in my life and I am still alive.

IT'S ALL ABOUT THE PEOPLE

Steve Forbes
Chairman and Chief Executive Officer of Forbes Media,
Editor-in-Chief of Forbes magazine

What responsibility do you see for yourself as a company beyond the economic one?

Well, any company is situated in one or various communities, and people get involved in local activities. The key is to have a viable business, especially in a changing environment such as this, in which technology is bringing about many changes while the economy is going through a severe recession. You cannot do good things unless you have a viable business. So we are doing both. We are involved in local activities. Our board is involved in a lot of nonprofit activities, especially in the area of education. For example, I have been involved in the independent schools in Harlem, New York, that are called Ability Academies. They have been very successful at giving young people a first-rate education. In the United States, maybe more than elsewhere, there is a tradition and expectation that beyond his family and professional life an individual gets involved in a number of civic activities.

Which ethical values are important to you personally, and which ones play a relevant role for you in your professional life?

In terms of commerce, it's meeting the needs and wants of other people. If your company doesn't provide something – a product or a service – that other people want, you don't have a viable business.

So achieving what we call democratic capitalism involves a number of areas, an entire web of cooperation. You must have a functioning business, headed by people of integrity, that creates a viable product. We see our mission as serving the needs and wants of entrepreneurial people, people who want to establish businesses or get ahead in the running of their businesses, ranging from Warren Buffet to somebody starting out to the investors. And we believe that entrepreneurial capitalism is the greatest agent of positive change, that it enables people – no matter their circumstances – to achieve great things, to develop their own talents to the fullest. In the first Issue of Forbes, my grandfather said that the purpose of business is not to pile up money but to produce happiness, and we continue to see that as our mission today. Our articles are not just full of numbers; they focus on people, and people make the difference.

Is team playing of value to you also?

Well, regarding an editorial product, if you don't meet your deadlines, you don't turn out the product. Just the mechanics of producing a magazine and constantly updating the Website requires webs of cooperation. Our own Website, for example, has about 20 million different unique visitors a month, including 5 million outside of North America. We also have affiliate sites, with an additional 15 million to 20 million visitors. Readership of Forbes magazine is the best it has ever been, with 11 local foreign-language editions we publish in conjunction with various partners around the world. There are ups and downs in morale, which are inevitable. But as you adjust to circumstances, such as the belt-tightening we've had to go through during this downturn, you must also focus on investing in the future. For example, we have undertaken a number of projects, just recently launching Forbes India. India is now allowing foreign media to come into the country. So you must do both: Adjust to immediate circumstances and keep your eye on the future. By doing that, you have a future.

Do you find the expectations of your customers, your employees and your business partners have changed over time?

I think there are eternal values, such as honesty, hard work, character, a sense of innovation and a sense of pride in one's work. But in terms of the specifics of a business, those change all the time. You see it most profoundly with the Web. It is a very enhancing technology, as well as a very disruptive one, as any newspaper, especially in the United States, can attest. So the mechanics change, which is why we combined the marketing and advertising staffs of Forbes.com and Forbes magazine several months ago. They are now one. And a few months later we did the same thing on the editorial side. Now one works for Forbes Media. We are not the magazine; we are not the Website. We are both.

So the values also change the way you do business?

Well, the values remain constant, but particular tasks and the mission change, because the world is always changing.

 How do you make sure that your employees represent the values you intend Forbes to stand for?

You obviously convey to people what your company mission is, and then it is key to reinforce that in the nitty-gritty of day-to-day work – what kind of stories you pursue and how you pursue them. It was exactly five years ago that our founding editor of Forbes Russia was gunned down in a contract murder. We did not pull out of Russia, and the publication today is now highly regarded as a place to go to for reliable information by the business community and amongst the people. So even in the face of difficulty, if there is a strong sense of mission, of purpose, that will ultimately come through and success will follow.

Who do you think determines the rules of the "economic game" and who should?

You have a volume of rules. In the United States we have 14,000 pages in commercial code that regulate everything. Rules don't just fall from the sky; lawmakers make the laws, and agencies make the rules. And some of them are obsolete. An innovative society must always be able to adapt to a change in times and circumstances. For example, there was never a need for laws regulating the downloading of digital music, something that upended the music industry. Innovation brought ways in which to deal with the problem, but it was a very messy process. The first to make money in the United States in digital music was not the music industry, but Steve Jobs with iTunes and the iPod. And very often innovation creates a need. After the invention of the automobile came the need for rules governing the road, safety, patrols and insurance. All these things arose from one invention. Innovation brings new needs and new needs for guideposts.

What do you think the current Administration needs to improve upon?

The Obama Administration has spent a lot of money, but the spending has had very little impact. At the same time, the one good thing the Administration did was on the regulatory side – and this sounds like a very narrow, arcane issue – which has had a profound impact of literally hundreds and hundreds of billions of dollars. I am referring to what we call "mark-to-market" accounting rules. These forced banks to value capital as if these were day-trading accounts instead of long-term reserves. Banks had to write down the value of assets, even though the loans were being serviced, with the interest and principal being paid. Most of the losses that banks suffered were not actual cash losses but artificial book losses. In March it became clear some changes were going to be made, and the first of these came in early April. Our stock market made a recovery and rose 30 per cent from the lows of early March. The financial sector has done better, proportionately, but it started from a very low base. Regarding everything else, the federal government has been much too slow. At the moment, spending, taxation and regulation issues present a very mixed picture, which is why the market has plateaued. There will not be another breakthrough until these issues are resolved.

WE CAN'T JUST GO ON DANCING WITH THE SAME TUNE

Lars Josefsson
President and CEO Vattenfall AB

What responsibilities, other than the economic one, do you feel Vattenfall has?
Being in the Energy sector we have a major impact on our environment. Electricity is a major contributor to our quality of life today. But the environmental impact is the other side of the coin. I think we have the responsibility to make the right trade-offs every day. We can take different positions and each one is a particular responsibility. It is a long term responsibility that goes far beyond the profit and loss statements.

There is a phrase – "as long as the music is playing, you have to keep dancing", meaning "as long as you can make the next dollar, you will continue." And then what happened? We hit the crisis and people lost their jobs. That is what I would say is not taking responsibility. It is using the system as it is. If the music is playing the Waltz, but you want to dance Samba, then you need to convince the conductor to play a different tune. Sometimes you need to change the music and assume your role in shaping our economy instead of just riding along. That is part of the responsibility you should take as a CEO.

Which values are important to you personally and which ones play a role for you in the context of your surroundings?
Values are extremely important for company leaders or at least they should be. Values should be more important in choosing leaders for a position. It should be a prerequisite. You need to have the basic intrinsic value that you want to do something good. You need integrity as a company leader. You also need to see the bigger picture. I remember flying a helicopter many years ago, looking down and seeing the big picture. Seeing 5 to 10 years from now is very important for a CEO. Beyond that you need a certain level of professionalism and skills. You should have a profound knowledge about what your company does.

But do you think integrity is possible in a company?
Of course it is.

In a personal setting I would agree, but many times I observe companies public relations people figuring out ways how they can hide the truth or represent it in a different way. Sometimes they might even do so with good intentions – trying to do the best thing for the company.
Is that your perception of the Corporate World?

In some way, yes. When you make a mistake and admit it, you get punished for it right away.
And get sued! – I believe that in the long run you will never get away with lying, the truth will hit back sooner or later; openness must be a crucial part also of the Corporate World.

 Do you find a big difference in value systems between the cultures that you work with?

Of course there are different value systems, but I think that basic values do not differ that much. It can be the way you react, the way you express yourself that can lead to misunderstandings between different cultures.

Do you find the expectation of values your customers, your employees and your business partners have – has changed over time?

There are definitely big differences from the past to now. If you take Germany for example, there is a big difference between the older and the younger generation, both, in the view of the world and outward looking. Language skills today are much better. There is less hierarchy today. There is a lot more short term oriented behavior and requirements have grown. The younger generation wants more, faster. In that sense – the motivation for really hard work in Europe has decreased, which makes the global competitive position difficult.

How do you cope with that?

We have to talk about it. Of course, you also have people that are very motivated and work very hard. We cannot take that for granted and have to think about ways we can maintain their motivation, sometimes in an environment that can be rather frustrating. The main question is how you motivate people. I believe that companies, which can offer a purpose to people, an objective beyond the financial one, can be a great attraction to motivated people and to motivating them. People want to work in a company, which they believe in, a company with values, a vision and a clear perspective, where it wants to go. They want a company, that assumes its role in society with a vision of how it can contribute to it.

Have you initiated any activities around values at Vattenfall?
Yes, we had lengthy discussions about what value system the company has, what values each individual has and which ones everyone thinks the company should have. Based on that we had a proposition of values, which came bottom up to the group management, where the decision was made what our group values are.

What was your goal when working on such a value set? Why did you do it?
Because we as a company have grown through acquisitions, which means that we assembled companies with different histories and different cultures. We had to find a common denominator. We have been working a lot on a vision we call the "One Vattenfall".

So what do you do when you have an acquisition?
I think it has to be integrated into our value system and we have to try to define a transition period from the time of the acquisition to the full integration. Otherwise we come into a very difficult and impractical working mode.

How do you feel about the change in banking regarding privacy such as it recently took place in Switzerland?

Coming from and being in Sweden that is nothing we have a problem with. We are used to these conditions. We have so much data that is openly accessible, that it might even be considered too much. For a Swedish person the discussion about privacy in banking is barely understandable. In Switzerland this is a totally different story and another privacy issue. Sweden is such an open society and has been for such a long time, that it is engrained in the culture.

What should we learn from the crisis and what do you think we need to change?

We need to handle things better in the future. Politicians, business, media; we all have to share the responsibility for making the world a better place. I truly believe that business can and must play a central role.

We should have a very constructive discussion about how we need to change in order to get where we want to get. We need to establish a process of reflection and change in our decision making. In the past, it was politics who decided where we wanted to go. I think there are limits to what politics can do. Sometimes I feel that at best they know what they want to achieve. Often they don't know how to get there. The business world is generally better at finding out how to do things. So I think business needs to assume an important role in shaping our post crisis economy, but so does politics and the media. That is not easy, because politicians do not want to be accused of running errands for the corporate world. However, I think change is absolutely necessary to avoid the mistakes we have made in the past.

Do you think the Government should be more or less involved in the business world?
There are such big differences in each country. There is definitely a role for Government to play and there is also a role for business to play. If you are in Business, you need to believe in the market economy and ideally, politics should decide on the rules of the game. The market participants should have the opportunity to work freely. This position of roles should remain I believe. Certainly, politics should have the ultimate say on the direction and development, but I believe that business should be given the opportunity to give input or even be required to do so.

Take an example from our field – take the Energy and Climate Policy. It has been reached on an EU level of the emissions and trading system. We can say it is not perfect, but it works. Basically it is a good system and it speaks to the effect that the EU has been able to decide that among its 27 member states. On the other hand, if you take the support and subsidies for renewable energy, we have 27 member states and we have 70 different schemes of support of renewable energy which is completely irrational. Why is that so? The reason is probably that domestic politics prevailed over rational. This is a case where business should get involved and object. The member states of the EU should recognize that they are causing extra costs of 17 billion Euros a year for the mere benefit of having national systems. Looking at politics from that point of view, maybe the rules of the game could be reinvented, maybe businesses should take the lead in making things more efficient.

Have you personally experienced a crisis? If yes how did you deal with it?
Well you could say that we are currently experiencing a trust crisis in Krümmel with our nuclear plant. This is in a way very psychological, very political and in a sense very untechnical. The only thing to work through this is to communicate, to constantly do the right thing and stay true to yourself. True to your values.

What values do you think should drive the future decision making within the corporate world?
Any CEO will need to figure out where the company should be 10 years from now and move towards that goal. If you take the football analogy – you make a goal because the guy is standing where the ball is coming – and that is where the company has to be 10 years from now. One also needs to engage in the development of society, which means getting involved with politics and your surroundings. Last, but not least, we need to stay true to our own values.

GEGEN DEN GEIST DES GESETZES

Thierry Paternot
Operating Partner of Duke Street, Chairman of Fullsix,
Supervisory Board of Henkel and Biomnis

Welche Rolle sehen Sie für die Unternehmen neben dem Betriebswirtschaftlichen in der Gesellschaft?

Neben der gesellschaftlichen Verantwortung gegenüber den Eigentümern, den Kunden, dem Personal und vielleicht auch gegenüber der Umgebung haben Unternehmen auch eine gewisse Vorbildfunktion. Das fängt damit an, wie man mit den „kleinen Leuten“ umgeht. Es ist auch wichtig, wie man seine Mitarbeiter behandelt, zum Beispiel, dass man Menschen nicht überarbeitet. Als ich Chef von L'Oréal in Frankreich war, habe ich es verboten, dass Leute am Wochenende in die Zentrale kamen. Wenn die Leute 60 Stunden die Woche arbeiten, keinen Urlaub machen, am Wochenende arbeiten, man sie jederzeit anrufen kann, glaube ich, dass das nicht sehr verantwortungsvoll und auch nicht gut für das Unternehmen ist. Langfristig wird solch ein Unternehmen keine guten Mitarbeiter mehr bekommen. Eine andere Verantwortung besteht auch gegenüber der Umwelt. Das ist, glaube ich, eine Selbstverständlichkeit.

Würden Sie sagen, dass ein Wertewandel stattgefunden hat? Dass Mitarbeiter, Kunden, Geschäftspartner andere Erwartungen an die Unternehmen stellen als in der Vergangenheit?

Ich glaube nicht, dass sich die Werte an sich verändert haben, sondern heute einfach mehr im Fokus stehen. Dank guter Journalisten kommen mehr Skandale ans Tageslicht. Es hat heute offensichtliche Konsequenzen, wenn Werte nicht eingehalten werden. Der Fall von Herrn Zumwinkel war an oberster Stelle auf dem deutschen Podium. Wegen einer dummen Steueroptimierung in Liechtenstein wurde er als Präzedenzfall in der Öffentlichkeit zerrissen. Er hat einen Fehler gemacht und musste für viele andere den Preis mit bezahlen. Die Werte, die heute zählen, sind die gleichen. Die Umwelt hat einen höheren Stellenwert bekommen. Jeder sieht, dass wir neue, andere Lösungen brauchen.

Was für Konsequenzen wird die Krise aus Ihrer Sicht noch mit sich bringen?
Ich glaube, dass die Krise noch nicht zu Ende ist. Vorbei ist dank der Intervention des Staates die Liquiditätskrise. Das Vertrauen zwischen Interbanken hat sich wiedergefunden, und das war absolut nötig. Was nicht geregelt wurde, sind die Folgen. Viele Unternehmen haben jetzt Kurzarbeit genutzt und so die guten Fachkräfte gehalten. Ich glaube, dass eine deutliche Erhöhung der Arbeitslosigkeit noch kommt.

Viele Investitionen wurden aufgeschoben und ich glaube, dass die Staatsschulden um 10 bis 20 Prozent vom Bruttosozialprodukt gestiegen sind. Die Staatsschulden sind die Subprime von morgen und die nächste Bombe, die platzen wird. Das ist mit Island passiert, das ist zum Teil mit Irland passiert. Bei Irland ist besonders interessant, dass hier alle Gehälter von Beamten um 15 Prozent gesenkt wurden, und das ohne eine Revolution. Stellen Sie sich das in Frankreich oder Deutschland vor.

Ja, Streik!

Nein, Revolution! Im Zentrum der Krise hat der kleine Bürger zum Glück korrekt reagiert. Er hat nicht gestreikt, er hat Gehalts- und Arbeitszeitkürzungen hingenommen, aber er wurde nicht revolutionär. Aber die ganze Angst scheint in vielen Bereichen gar nicht mehr präsent zu sein. Wenn Sie sehen, dass die Banken wieder das Gleiche tun, dass die Boni an der Wall Street wieder eskalieren, kann man zu Recht sagen, es fängt wieder an.

Wir leben in einer Welt des Vertrauens, einer Welt der Balance. Wir haben gesehen, wie das Ungleichgewicht der Liquidität uns fast kaputtgemacht hat. Wenn die Menschen kein Vertrauen mehr in die geschäftliche Elite haben, und das ist der Fall, dann werden sie die Konsequenzen nicht lautlos akzeptieren. Erste Unruhen haben wir bereits in Griechenland und Frankreich gesehen, und das ist noch längst nicht das Ende.

Haben Sie selbst schon mal eine Vertrauenskrise erlebt?

Ich habe des Öfteren kleinere Krisen erlebt. Wenn man ein Unternehmen führt, macht man immer Fehler, und die können zu einem Vertrauensverlust führen, wenn man nicht konstruktiv mit ihnen umgeht. Wichtig ist ein Umfeld, in dem man Fehler erkennen und zu ihnen stehen kann. Wenn ein Fehler zu einer Krise führt, ist der beste

 Weg, um das Vertrauen wiederzugewinnen, diesen Fehler beim Namen zu nennen und alles zu unternehmen, ihn zu korrigieren. Das ist wie in der Ehe, wie in einer Beziehung. Wenn Sie einen Fehler eingestehen, was kann der andere sagen? Wenn sie einen Fehler abstreiten, dann entsteht Vertrauensverlust. Es gibt zu viele stolze Manager, die ihre Fehler nicht mehr erkennen, vielleicht auch, weil es im Unternehmen keine offene Fehlerkultur gibt. Aber auch, wenn ein solches Umfeld nicht existiert, ist das keine Entschuldigung, Fehler zu vertuschen.

Wie stehen Sie zu der Veränderung des Bankgeheimnisses?
Vielleicht bin ich in dieser Angelegenheit ein Träumer. Ich glaube fest daran, dass man die Korruption in der Welt nicht vermindert, wenn man den Richtern nicht einen lückenlosen Zugang zu Informationen schafft, für jede Gesellschaft, für jedes Konto, für jeden Trust. Ich glaube, Informationen darüber, was zu wem gehört und wo die Quelle des Geldes liegt, muss für Richter ganz transparent werden. Ein Richter aus Frankreich braucht heute zwei Jahre, um eine Erkundigung über ein Konto in der Schweiz einzuholen. Das geht nicht. Wir können nicht den kleinen Bürgern die Konsequenzen mit Schulden und Arbeitslosigkeit aufbürden, die wenige andere verursacht haben. Es wird vielleicht fünfzig Jahre dauern, bis sich hier etwas verändert, aber ich hoffe, dass unser System eines Tages wesentlich transparenter wird und Konfliktpotential minimiert.

DOING THE RIGHT THING AS A STRATEGY

James Wei
Board Member, Beiersdorf AG

Which responsibility beyond the economic dimension does a company in Asia have?

I think a lot of things are still universal. A good corporation in Asia will have the same social responsibility as a good corporation in the west. One could even argue that an Asian company needs to work harder in this area as it is perceived as a foreign company with lots of money that takes advantage of the people with little income. And if you are not conscious, if you are not aware of this, eventually you will pay the price. In some parts of Asia I believe that if you do the right thing, the government will respect you.

Does the Asian government ask the companies to invest in their surroundings or do the companies do it themselves?

Most of the time, the government does not ask, but once a company actively does something, the government appreciates it. Here in Europe the government provides a general safety net for support. In some geographical regions in Asia, companies have the opportunity to step in as part of CSR. Some invest in education, some invest in health. That is supposed to be the responsibility of the government, but unfortunately it does not always have enough money to do so and therefore welcomes the support from the corporate world.

Rather than being offended. If the initiative is handled well, the government really appreciates the input of private enterprises. Medicine and education are two primary areas that need constant investment not only in Asia; even the so called developed countries are continually struggling with that challenge.

Which values are important to you personally and which ones play a relevant role for you in the corporate world?
There are two aspects to this. One is a belief and the other one is a mind set, an attitude.

In Taiwan, everyone is called to do a two year military service. Upon completion you will be embraced into a leadership position with the responsibility for many people. You can lead with the power of your position or you can lead by being a role model and influencing others that way. I think leading by the power of your position might not turn out to be strong and lasting. I was asked, how do you win trust in a situation of crisis? You have to know that everyone is watching you.

Without going into detail, I once found myself responsible for a group of people during a Taifun. But when I was in the front, if I did not dear to move, then nobody would have moved. I knew then that if I failed that test, my leadership would fail. Some people in the higher positions of power, underestimate the intelligence of people. They are watching you and they judge you. You are there because of the position power you have and you can do things that others cannot do. And you are expected to solve the difficult problems. You have to serve your people. You serve them, you are leading them and that is the way you earn their respect. Your role as a leader is to support and protect your people. You can do things, they cannot do. It is not that they are not smarter than you, but they are not in your position.

What difference do you see between the values in Europe and in Asia?
Here everything is based on the rule of law. Everything is legally binding. In Asia, a lot of deals are based on trust. That is why you need to be even more careful about your reputation. Sometimes business is done with a handshake. You have to understand that your action following a handshake anywhere else in the world contributes to your word of mouth reputation. So I think there is a beauty in the rule of law and a written contract, but it can take away your level of judgment, if you get used to trusting only in black ink on white paper. You have to keep your focus on the qualitative side of a partnership. That is why I think short term and long term are not different. You can have a 5 year contract, but your reputation does not expire. And that is your biggest asset. In Asia, if you want to start a partnership and you ask for a 15 page documentation about the conditions, generally, that does not go down very well.

Do you find the expectation of the values your customers, your employees and your business partners have – has changed over time due to generations?
I think the older generation works very hard, they just want to make money, they want to feed their family and have a

job. The younger generation already comes from a middle class background and no longer needs to fight for survival. They tend to be more socially conscious, more like the Europeans. They will be willing to do charity or community service. If you ask the older generation in Japan or China, they would not be able to do that. It is not that they do not have a heart. They don't have the financial capability. So when you talk about the younger generation, families tend to be much wealthier than their parents.

Have you personally experienced a crisis and how did you deal with it?

In the FMCG industry, the biggest crisis you can experience is when somebody tests your product and finds something that is carcenogenic. The only thing you can do is communicate, communicate, communicate based on facts. If you try to cover it up, you fail miserably. Today news travels fast. And if you have a crisis like that, you cannot cover it up. Some people get emotional about it, defend themselves and say they did nothing wrong. But you have to understand, that perception is reality and you have to deal with that.

And how do you deal with the current economic crisis?

For most people in Asia, it is the first time that they are seeing a slower growth or no growth. And if your strategy is based on growth, it becomes difficult for your company. But in the end, somebody will come out stronger. We live in a market economy, the market is consolidating and we will see new businesses arise, in India, in China, in the airline industry, the oil industry, consumer goods. In a crisis you should reevaluate your portfolio, focus on what's important for the consumer and the customer. You have to get your cost structure right and you have to get the right people. In tough times, only the good and strong companies survive.

How do you see the role of the Government in China?
The Chinese government is pretty strong. They are very good at doing things the private sector cannot do. They are building infrastructures, they are working on roads. I think China needs an efficient, strong Government. However, I do not see an authoritative government engage in business. They should continuously move out of local things that can be better done by private enterprises. From my point of view, the government should move more into areas such as education and health care.

Do you think there will be more growth, if the government invests in these areas?
I think there will be more growth if the government invests in the right infrastructure that no private enterprise can provide. If the government invests in things like health care or infrastructures, at the same time, they will enhance more growth.

DANKSAGUNG

Der allergrößte Dank gilt meiner Mutter für ihre Tapferkeit, ihren Kampfgeist und dafür, dass sie trotz schwerer Krankheit stets ihre positive Einstellung behalten hat. Ich danke ihr für die Liebe und Zeit, die sie uns Kindern und der Familie geschenkt hat, und dafür, dass sie immer an das Gute im Menschen geglaubt hat.

Ich danke meinem Bruder Christian für seine intensive Unterstützung bei diesem Projekt und allen, die mit ihren Ideen und ihrem Know-how das Buch begleitet haben. Dazu gehören Michael Böddeker, Ladis Bodi, Lars Börgel, Marie Degerman, Dr. Ebrian Djaberian, Anja-Isabel Dotzenrath, Claudia Fasse, Dörte Frick, Lotter Hedberg, Michael Hellbig, Joern Herseth, Sonja Höpfner, Ulrike Lutz, Dagmar Mangels, Rüdiger Marks, Karsten Mörschel, Arne Mogren, Prof. Klaus-Peter Nebel, Prof. Reinhard Pöllath, Prof. Susanne Porsche, Dr. Andreas Rickert, Stefanie Rother, Alexander Satanowsky, Ulf Teubel, Karl-Rainer Thiel, Gregor Vogelsang, Christine Volk.

Mein besonderer Dank gilt natürlich den Persönlichkeiten, die ihre Erfahrung, ihre Ansichten und Impulse in Form von Interviews oder geschriebenen Beiträgen zu diesem Buchprojekt beigesteuert haben und deren Ideen dieses Buch ausmachen.

Stefanie Unger ist Unternehmensberaterin. Sie berät Vorstände und Aufsichtsräte in Führungs- und Personalfragen, im Bereich Change Management, Strategie und Corporate Governance. Sie ist Gründerin des Wertedialoges und lädt regelmäßig zu hochkarätigen Diskussionsrunden rund um das Thema Werte ein.

Claus-Georg Nette

Thierry Paternot

Arend Oetker

Randolf Rodenstock

Manuela Rousseau

Volker van Rüth

James Wei

Mark Weigelt

Theodor Weimer